Mythologie Aspekte

Mythen, Macht und Monster

WOLFGANG SCHWERDT

IMPRESSUM

Hauptstraße 6
37235 Hessisch Lichtenau
w.schwerdt@gmx.de

Titelgestaltung: Wolfgang Schwerdt

Wolfgang Schwerdt, geboren 1951 in Berlin ist Journalist und Buchautor mit den Schwerpunkten Archälogie, Kulturgeschichte, Schifffahrtsgeschichte.

Zum weiten Feld der Kulturgeschichte gehören auch die Mythologien, denen sich Schwerdt in einer Reihe spezieller Publikationen widmet. So sind im Berliner Vergangengeitsverlag die beiden Bücher „Andre Zeiten, andre Drachen. Zur Kulturgeschichte des Drachen" und „Vampire, Wiedergänger und Untote" erschienen.

Mehrere E-Books aus seiner Reihe *„Kulturgeschichtliche Aspekte zu . . . „* beinhalten Aufsätze, die einen Bezug zu Aspekten von Mythologien aufweisen und nicht zuletzt hat Schwerdt im Laufe der letzten Jahrzehnte eine Reihe von Vorträgen speziell zum Thema „Kulturgeschichte des Drachen" im Rahmen von Volkshochschulseminaren oder vor Vereinen, die sich mit Geschichte oder Denkmalpflege befassen, gehalten.

INHALT

Wolfgang Schwerdt

Vorwort

Mythen, das sind auf den ersten Blick mehr oder weniger spannende Geschichten, mit Göttern, Helden und Ungeheuern, von denen wir in der Regel annehmen, dass es sich um Geschichten handelt, die die chaotische wilde Welt, den gnadenlosen Existenzkampf und die unsäglichen Ängste unserer frühen Vorfahren ausdrücken.

Da geht es um Macht und Gewalt, um Morden und Schlachten und zahllose Monster und Dämonen und natürlich strahlende göttliche Helden, die tiefenpsychologischen und christlich-abendländischen Vorstellungen entsprechend menschliche Urängste einerseits, und das menschliche Grundbedürfnis nach Spiritualität, nach dem göttlichen Sinn des Lebens andererseits verkörpern.

Und dann ist da noch der Aspekt, dass Mythologien, Mythen und Legenden im Kern reale historische Ereignisse aus einer Zeit, die wir historisch nicht mehr fassen können zum Gegenstand haben, dass es sich um eine Art mündliche Geschichtsschreibung handelt, dessen realen Hintergrund wir vielleicht eines Tages in Zusammenhang mit archäologischen Funden entschlüsseln können.

Und hier wird bereits eine andere, in vielerlei Hinsicht irreführende Annahme ersichtlich. Mit Mythologie wird meist Vergangenheit und eine eher heidnische im Gegensatz zu den „Hochreligionen" stehende Glaubenswelt assoziiert.

Mythen, Religionen, Ideologien, die kulturgeschichtliche Dreieinigkeit

Tatsächlich aber sind Mythologien, Ideologien und Religionen nur verschiedene Aspekte der gleichen Sache. Als Mythologie stellen sie Erklärungsmodelle für gesellschaftliche Prozesse und Regeln dar, sind sozusagen Reflexionen über die Ursprünge und den Sinn des jeweiligen Status Quo. Natürlich fließen hier Ereignisse ein, die wir heute als Geschichtliche betrachten würden. Diese Ereignisse werden aber nicht dokumentiert, sondern hinsichtlich ihres Stellenwertes für das Verständnis der jeweiligen kulturellen Struktur einer Gesellschaft oft bis zur Unkenntlichkeit mythologisch interpretiert. Reale Zeiten, Personen oder Einzelereignisse spielen da nur eine untergeordnete Rolle. Es sind eher kulturgeschichtliche Prozesse, die in den Mythologien ihren Niederschlag finden.

Als Ideologie dienen die Überlieferungen und ihre Protagonisten vor allem im Rahmen der Entwicklungen komplexer gesellschaftlicher Gebilde wie „städtischer Zivilisation" oder „Großreiche", später Nationen, Wirtschafts- und Herrschaftssystemen der Legitimation von Macht- und Herrschaftsanspruch. Ihr Zweck ist es, politische Stabilität zu sichern. Diese Legitimation kann aus göttlicher Abstammung, einer langen Ahnenreihe oder göttlichem Auftrag beziehungsweise Willen resultieren.

Und als Religion schaffen die Mythologien in Gesellschaften, deren Mitglieder untereinander nur noch ganz entfernte oder gar keine verwandtschaftlichen Beziehungen oder andere Gemeinsamkeiten aufweisen können, eine gemeinsame Identität. Entscheidend hierbei sind weniger die spannenden Geschichten, sondern die „göttlichen Regeln", die Rituale und Kulte, die sowohl das soziale Zusammenleben der Menschen einer Gemeinschaft garantieren, als auch das Selbstverständnis eines Volkes gegenüber anderen Gemeinschaften bestimmen.

Religion als gesellschaftliche Identifikationsgrundlage und Ausgrenzung Anderer sind in diesem Zusammenhang zwei Seiten der gleichen Medaille. Und hier kommen dann auch die Ungeheuer und Monster ins Spiel, die unter diesem Blickwinkel so gar nicht in die Vorstellung von Urängsten und Bedürfnis nach Spiritualität haben, sondern vor allem die Verkörperungen von politischen und sozialen Gegenmodellen darstellen und darüber übrigens auch innergesellschaftliche Konflikte kanalisieren helfen.

Geschichten, Geschichte, Methoden

Das vorliegende Buch versucht, anhand unterschiedlicher Beispiele und Herangehensweisen einen Eindruck von der komplexen und vielschichtigen Rolle und Funktion von Mythologie und ihrem untrennbaren Zusammenhang mit Macht, Herrschaft und gesellschaftlichen Strukturen zu vermitteln. Es spannt den Bogen von den ersten vorderasiatischen Zivilisationen über die Griechen bis hin zu den Kelten. Es betrachtet die mittel- und südamerikanische und Götter- und Monsterwelt und widmet sich nicht zuletzt der japanischen Geschichte, deren Mythologie

die noch heute gültige offizielle historische Chronologie Japans darstellt.

Entstanden sind die einzelnen Aufsätze aus der Vor-
tragstätigkeit des Autors zum Thema „Kulturgeschichte des Drachen" und Buchrezensionen. Daraus
erklärt sich auch die unterschiedliche Art der Aufarbeitung des Themas, die sich mal eng an einem konkreten Mythos orientiert, mal übergreifender Natur
ist, mal methodische, mal politische oder formale
Fragen in den Vordergrund stellt. Die Lektüre dieses
Buches gibt also ein abwechslungsreiches und in seiner Gesamtheit durchaus umfassendes Bild zum
Thema „Mythen, Macht und Monster" und wartet
inhaltlich mit einigen Überraschungen auf.

Wolfgang Schwerdt

Die Entstehung der ersten städtischen Zivilisationen

Babylon und die Götter

Sieben Tontafeln eines unbekannten babylonischen Schreibers geben uns Auskunft über eine Schöpfungsgeschichte Mesopotamiens, deren Kernpunkte bereits über Generationen hinweg mündlich überliefert worden waren. Es handelt sich um eine der ersten schriftlichen Quellen über die Vorstellungen der Entstehung der Welt überhaupt.

Die Menschwerdung

Am Anfang, so heißt es, war alles dunkel und formlos, bis schließlich zwei Urwesen Gestalt annahmen: Der Geist des Süßwassers und der Leere, genannt Aspu und der Geist des Salzwassers und des Chaos, genannt Tjamat.

Tjamat war ein Drache, sie bestand aus Elementen von Lebewesen, die der Überlieferung zufolge erst später entstehen sollten. So hatte sie die Kiefer eines Krokodils, die Zähne eines Löwen, die Flügel einer Fledermaus, die Beine einer Eidechse, die Krallen eines Adlers, den Leib einer Pythonschlange und die Hörner eines Stieres.

Aspu und Tjamat vereinigten sich und Tjamat gebar die Götter.

Aus welchen Gründen auch immer tötete einer der Götter seinen Vater Aspu, woraufhin Tjamat derartig in Wut geriet, dass sie eine neue Gattung von Nachkommen gebar, schreckliche Ungeheuer, deren Aufgabe es war, die Götter zu peinigen. Von da an beherrschten Skorpionmänner, Dämonenlöwen, Riesenschlangen und glitzernde Drachen die formlose chaotische Leere.

Aber die Götter wehrten sich und wählten einen aus ihrer Mitte zum Kämpfer. Und dieser hieß Marduk, der zukünftige Herr des Weltalls.

Marduk bewaffnete sich mit einem Netz, einer Keule, mit Gift, Pfeil und Bogen, und einem Köcher voller Blitzstrahlen, bestieg seinen gewaltigen Sturmwagen, gezogen von vier schnellen Rössern und durchforschte - begleitet von den vier Winden und einem mächtigen Wirbelsturm - das Weltall nach seiner Mutter.

Mit seinem Netz, das er über die Leere ausbreitete, fing er schließlich Tjamat, ließ ihr die Winde in das Gesicht blasen, bis sie so aufgebläht war, dass sie nicht einmal mehr den Rachen schließen konnte und schoss ihr einen Pfeil mitten ins Herz.

Aber damit nicht genug, Marduk, der fürchterliche, spaltete den Leib seiner Mutter, und zerteilte ihr Herz. Er tötete sie schließlich und stellte sich triumphierend auf sie.

Die tierischen Sprösslinge Tjamats flohen in wilder Panik, aber Marduk fing sie alle mit seinem Netz ein, warf sie in Ketten und verbannte sie in die Unterwelt.

Tjamats Kadaver aber vernichtete er gründlich. Er spaltete ihren Schädel, durchtrennte ihre Adern und teilte ihren Leib "wie einen Fisch in zwei Hälften". Aus der einen formte er das Firmament, aus der anderen die Erde.

Nun war Ordnung in das Chaos gebracht und Marduk schuf den Göttern im Himmel einen prächtigen Palast, befestigte die Sterne und den Mond am Firmament

und aus dem Blut eines von Tjamats Ungeheuern
schuf Marduk schließlich die Menschen als Diener der
Götter.

Erste Bemerkungen zur Mythologie des Marduk

Die vorliegende Schöpfungsmythologie, ist in vielerlei
Hinsicht außerordentlich interessant. Zunächst einmal
ist da die Tatsache, dass es sich wohl um eine der
frühesten schriftlich festgehaltenen Schöpfungsge-
schichten handelt, deren Grundelemente sich in den
meisten späteren Mythologien anderer Kulturkreise
wiederfinden. Dies bedeutet nicht unbedingt, dass die
späteren Geschichtsschreiber abgekupfert hätten. Es
bestätigt lediglich die Hypothese, dass sich in den
Schöpfungsmythologien für alle Kulturen ganz zentrale, geradezu traumatische Ereignisse der Menschheitsgeschichte niederschlagen.
Der zweite Aspekt ist die Tatsache, dass diese babylonische Schöpfungsmythologie (ca. 2000 v. Chr.) bereits ein geistiges Spätwerk ist und neben der eigent-
lichen ursprünglichen Botschaft bereits den Charakter
der Legitimation von Herrschaft und den Machtkampf
der Götter verschiedener aufeinanderfolgender Kulturen beinhaltet.
Drittens ist es außerordentlich faszinierend, dass es
bereits bei der Entstehung der ersten Zivilisationen
ein universelles Weltverständnis gegeben hat, von einem Universum (sicher nicht in unserem heutigen
naturwissenschaftlichen, sondern eher im philosophi-
schen Sinne) die Rede ist.
Und nicht zuletzt bezieht sich der Mythos von Marduk
beschreibend auf die Phase einer kulturellen Revolu-

tion der Menschheit, die von den Archäologen für die Zeit von ca. 8000 - 2000 v. Chr. ausgemacht wird.

Der geschichtliche Hintergrund

Während des 7. Jahrtausends vor unserer Zeitrechnung tauchten in den fruchtbaren Niederungen Nordmesopotamiens die ersten Bauerndörfer auf, Siedlungen, die den Übergang von der früheren Jäger- und Sammler-Kultur zu Ackerbau und Viehzucht dokumentieren.

Hier wurden die frühesten Keramikbrennöfen sowie Hinweise auf Kupfer- und Eisenschmelzen in dieser Region gefunden, Sogar Stempel-Siegel zur Kennzeichnung persönlichen Eigentums, und importierte Perlen zeigen, dass diese noch sehr frühe, sogenannte Hassuna-Kultur einen gewaltigen Entwicklungssprung gemacht hatte.

Bereits wenige Jahrhunderte später waren einfache Bewässerungssysteme entstanden, die auch eine Besiedlung im Inneren Mesopotamien zuließen, die sogenannte Samarra-Kultur hatte sich - zeitlich teilweise mit der von Hassuna überschnitten - herausgebildet.

Um die Mitte des 6. Jahrtausends war die sogenannte Halaf-Kultur entstanden, wahrscheinlich durch Zuwanderung neuer Siedler in diesem Raum. Denn die Halaf-Kultur stand in keinem Zusammenhang mit früheren Kulturen. Neue Bestattungsbräuche und eine andere Architektur zeichnen diese Kultur aus, die selbstverständlich ebenfalls über Bewässerungssysteme verfügte. In dieser Periode entstanden auch die ersten Siedlungen im Süden Mesopotamiens, das Handelsnetz weitete sich aus, ein primitives Zahlensystem entstand und hier werden auch die Anfänge der Schrift vermutet.

Das Bewässerungssystem war ebenfalls weiterentwickelt worden, im Süden Mesopotamiens nutzte man nun die früher so verheerenden Überflutungen des Euphrat im Frühling, um die Ernteerträge zu steigern. All diese Entwicklungen waren aber nur die Vorboten der Entstehung der großen Zivilisationen in diesem Raum, zu denen schließlich auch Babylonien gehören sollte.

Eines der bedeutendsten Ereignisse der Menschheitsgeschichte fand schließlich im 4. Jahrtausend statt: Die Entstehung der ersten Städte.

Vorbereitet durch die früheren Kulturen hatte sich ein komplexes Gesellschaftssystem entwickelt, mit gut durchorganisierter Verwaltung, Schrift und "Stadt-Staats-Religion".

Dies war auch notwendig, denn die für damalige Zeiten unglaubliche Menschenkonzentration konnte nur durch gut organisierten und verwalteten Ackerbau, durch Viehzucht, Handel und durch ausgeklügelte und immens aufwendige Bewässerungssysteme bewältigt werden.

Gleichzeitig waren diese reichen Gesellschaften natürlich dem Verlangen fremder Stämme und dem gegenseitigen Konkurrenzkampf ausgesetzt. Und jedes dieser neu entstandenen Zentren versuchte natürlich seinen Einfluss auf die Region zu verstärken.

Die Notwendigkeit, viele Menschen für große Gemeinschaftsaufgaben zu organisieren, erforderte natürlich auch eine neue Sichtweise der Welt und damit eine gewisse Hierarchie, eine von allen akzeptierte Machtkonzentration bei einer Führungsschicht.

Und so hatte jede Stadt ihren eigenen Gott, der mit seinen Dienern in einem prachtvoll ausgestatteten Tempelkomplex wohnte und von dort aus die Geschicke "seines Volkes" leitete. In Ur war dies die sicherlich weitestgehend bekannte Inanna, im späteren Babylon eben Marduk.

Diese Stadtgötter hatten es übrigens gar nicht leicht. Versagten sie, wurden sie zum Teufel gejagt und ein anderer Gott hielt Einzug in den Tempel. Das geschah gar nicht so selten, denn bei den unendlichen Fehden, die die Städte untereinander führten, wurde mal die eine, mal die andere Stadt erobert und deren Gottheit natürlich dem jeweils siegreichen Gott untergeordnet. Lange Zeit wurde die südmesopotamische Region von der Stadt Ur beherrscht, erst etwa um 1800 erlebte das weiter nördlich gelegene Babylon seinen wirtschaftlichen und machtpolitischen Aufschwung. Marduk wird der wichtigste und weitestgehend einzige Gott, der die alten Götter verdrängt und die lokalen Stadtgötter in die Bedeutungslosigkeit verbannt.

Die bisher beschriebene Entwicklung war aber nicht nur eine endemische, also eine aus der Region selbst entstandene, sondern ständigen äußeren Einflüssen unterworfen. Dazu gehörte selbstverständlich der Handel, vor allem aber die Tatsache, dass Mesopotamien und die umliegenden Regionen im Laufe der letzten Jahrtausende von semitischen Stämmen überflutet, erobert und geprägt wurden.

Und im 2. Jahrtausend schließlich fielen die indoeuropäischen Hethiter mit ihren Streitwagenheeren in
Mesopotamien ein.

Interessanterweise folgten die Hethiter anfangs nicht
der üblichen Gewohnheit, die Städte ihrer besiegten
Gegner zu zerstören, auszuplündern und die Bevölkerung zu versklaven. Sie setzten zunächst nicht einmal
ihre eigenen Götter ein. Sie übernahmen "lediglich"
die Herrschaft. Auch Babylon wurde von den Hethi-
tern erobert, überstand letztendlich aber auch deren
relativ kurze Herrschaftsperiode und konnte gegen
Mitte des ersten Jahrtausends vor unserer Zeitrechnung noch einmal die Macht in der Region an sich
reißen, nachdem das Hethiterreich längst der Vergangenheit angehörte und auch das mächtige Assyrien
wieder im Dunkel der Geschichte verschwunden war.

Marduk der Muttermörder - eine Interpretation

Betrachtet man die Vielfalt und Komplexität der
mesopotamischen Götter- und Mythenwelt, so kann
einem angst und bange werden. Zahllose Stadtgötter,
zwar ähnliche aber doch unterschiedliche mythische
Chronologien, die mit den Göttern beginnen und mit
göttlichen Königen (nach der Sintflut) weitergehen,
die mythologische Übereinanderschichtung der Göt-
terwelten zahlreicher semitischer (möglicherweise in-
discher) und am Ende sogar indoeuropäischer Einwanderungswellen und nicht zuletzt natürlich der
Einfluss der Vorstellungen der Urbevölkerung, lassen
einen schnell den Überblick verlieren und machen
scheinbar jede konkrete Zuordnung unmöglich.

Irgendwie müssen das auch die Babylonier gedacht haben. Denn mit dem Erreichen der wirtschaftlichen und politischen Vormachtstellung in Mesopotamien, räumten sie offensichtlich mit dieser mythologischen Unordnung gründlich auf. Marduk, der anfänglich unbedeutende babylonische Stadtgott wurde zum obersten Chef ernannt, man konnte es sich ja jetzt leisten. Marduk ließ kurzerhand alle überflüssigen Götter - also vor allem die der anderen Städte - einschließlich seiner Mutter und der unliebsamen Konkurrenz der zweiten Generation, der Ungeheuer und Drachen, verschwinden und schaffte erst einmal Ordnung.

Das war, wenn wir das aus unserer heutigen nüchternen Sicht betrachten ein machtpolitisch durchaus nachvollziehbarer Schritt. Dieser Aspekt, gehört zweifellos in die Kategorie "Legitimation der Macht".

Aber die guten Babylonier haben sich ja nicht einfach irgendetwas ausgedacht. Der Mythos konnte ja nur funktionieren, wenn die Menschen ihn auch verstanden, nachvollziehen konnten. Also musste das bereits seit Jahrhunderten, wenn nicht Jahrtausenden geprägte Weltbild beibehalten, alte Überlieferungen und aktuelle Mythologien in Einklang gebracht werden.

Und dies ist nach meiner Auffassung in geradezu genialer Weise - und für spätere Kulturen offensichtlich beispielhaft - gelungen. Insofern ist diese Geschichte durchaus auch als mythologisches Dokument zu verstehen, das weit in die Frühzeit hineinreicht.

Am Anfang war das Chaos

Als erstes, so haben wir am Anfang dieses Kapitels erfahren, entstehen aus der dunklen und formlosen
Masse der männliche Geist des Süßwassers und -
leicht nachvollziehbar- der Leere sowie der natürlich
weibliche Geist des Salzwassers und des Chaos.
Vorsichtshalber werde ich mich der weiteren Kom-
mentierung der von unseren Vorfahren verliehenen
männlichen und weiblichen Eigenschaften enthalten,
glücklicherweise spielen diese in unserem Zusammenhang keine wesentliche Rolle. Mit zwei Ausnahmen
vielleicht:

Süßwasser - also die Flüsse - und Salzwasser - also das
Meer - umschreiben tatsächlich die wesentlichen, be-
stimmenden Elemente des Lebensraumes Mesopotamien, also der sumerischen Welt.

Und: Die ersten Schöpfer waren keine Götter, sondern Geist!

Männlicher und weiblicher Geist erzeugten die Götter, deren zunächst offensichtlich einzige Funktion es
war, zu morden. Denn über weitere spezifische Auf-
gabenfelder gibt die Legende ja keinen Aufschluss.
Der erste Mord war der Mord eines Sohnes an seinem
Vater, was unter den restlichen Sprösslingen aber keine weitere Aufregung verursachte. Nur Mutter be-
dauerte das so sehr, dass sie sich an ihren Kindern mit
der Produktion aufdringlicher Monstren rächte.
Statt ein wenig Reue über den Vatermord zu zeigen,
wurden die Kinder jetzt erst richtig aufsässig. Mutter

und ihre Brut muss weg, sagten sie sich, voller Überzeugung, im Recht zu sein und schickten Marduk mit Netz und Keule los.

Nun liegt es natürlich auf der Hand, dass solche Familienverhältnisse selbst in für uns grauer und barbarischer Vorzeit wohl kaum kulturelle und moralische Grundlage für irgendein blühendes Gemeinwesen - wie es die alten Zivilisationen ja waren – gewesen sein können.

Dieses Bild, das dort gezeichnet wird, kann nicht die soziale Grundlage der damaligen Gemeinschaft darstellen, es muss etwas ganz anderes bedeuten. Dabei muss der Mord am Vater durchaus richtig und notwendig gewesen sein und es muss ebenfalls von zwingender kultureller Bedeutung gewesen sein, der Mutter und ihrer Rache mit allen Mitteln entgegenzutreten.

Sehen wir uns die Geschichte doch einmal etwas genauer an und flechten wir die reale menschliche Kulturgeschichte mit ein:

Zunächst einmal können wir festhalten: Die Götter sind Kinder der Erde, sie wurden gezeugt, als die Welt noch aus Leere und Chaos bestand.

Kulturgeschichtlich ist dies eine außerordentlich präzise Beschreibung der Menschwerdung. denn als unsere Vorfahren gerade einmal dem Affenfell entwachsen waren, da hatten sie mit Sicherheit noch kein menschliches Selbstbewusstsein, waren Teil der Natur und unterschieden sich - vor allem in ihrem Bewusstsein - nicht von den Tieren, Pflanzen oder eben der Erde. Wie uns noch heute aus dem Schamanismus rudimentär zugetragen wird, hatte alles, jedes Lebewesen, jede Pflanze, jeder Stein, die Luft, das Wasser einen Geist. Das Wesen, das wir heute als Mensch bezeichnen, war demgegenüber nichts Besonderes, hatte die gleiche Stellung wie ein Stein, ein Baum oder ein Tier. Es soll sogar heute noch Stämme geben, bei denen jedes individuelle Bewusstsein fehlt, der Schmerz eines Einzelnen wird kollektiv empfunden und ertragen. Ob diese Verhältnisse paradiesisch sind, mag jeder für sich selbst beurteilen. Die Schöpfungsmythologien aller Kulturen jedenfalls bezeichnen diesen Entwicklungszustand als Leere und Chaos.

Die Schaffung der Ordnung aus dem Chaos

Ohne mich auf eine konkrete Reihenfolge festlegen zu wollen, ging mit der Entwicklung der Domestizierung von Tieren und dem Ackerbau ebenfalls - und zwangsläufig, denn anders ist eine solche Leistung nicht denkbar - die Entwicklung eines eigenständigen menschlichen Selbstbewusstseins als vom Rest abgegrenzter, autonomer Teil der Natur vonstatten. Die Natur wurde als "Umwelt" mit gewissen Gesetzmäßigkeiten begriffen, die man nutzen und gegen deren Angriffe man sich auch wehren konnte.
Dieser Entwicklungsschritt ist eine kulturelle und geistige Revolution unermesslichen Ausmaßes. Die unmündigen Kinder der Natur sind erwachsen geworden und beanspruchen jetzt, ihr eigenes Leben in die Hand zu nehmen. Mythologisch gesehen hat zu diesem Zeitpunkt die Geburt der Götter aus dem Schoße der Erde, der Leere und des Chaos stattgefunden und nun ging es darum, als Götter gegen das natürliche

Chaos schöpferisch tätig zu werden, sich die Welt nach ihren Bedürfnissen zu gestalten.

Wie gigantisch dieser kulturelle Schritt war, kann man daran erkennen, dass selbst Jahrtausende später, die Menschen die mit komplizierten Bewässerungssystemen die Flüsse bändigten, Metalle aus der Erde herausschlugen, Meere mit selbstgebauten Schiffen befuhren, Götter für die Werke ihrer Vorfahren verantwortlich machten und sich immer noch -vermittelt durch die Priester- durch Götter anleiten ließen.
Selbstverständlich musste es göttliche Tat gewesen sein, das Chaos der Welt zu ordnen, die zahllosen Ungeheuer, die verheerende Überschwemmungen ausgelöst hatten, zu bändigen, die Erde so zu gestalten, dass Wasser und Land getrennt blieben.

In der Marduklegende kommt noch ein weiterer Aspekt vor, der belegt, dass sich der Schöpfungsmythos auf die Zeit der Entstehung der ersten Kulturen, der ersten bewussten Abtrennung des Menschen von der Natur bezieht.
Marduk, der allmächtige babylonische Gott hat seine Mutter, die Erde getötet. Nun ist aber die „Erdmutter", die fruchtbare Natur, aus der die Lebensmittel sprießen in allen Kulturen die erste Gottheit, die sich kulturgeschichtlich erfassen lässt. Sie ist die Gottheit der ersten Bauern. Und der Glaube an diese Gottheit ist oft genug auch verbunden mit einer sogenannten "Mutterrechtlichen" Sozialstruktur. Die hat aber in den sogenannten Hochzivilisationen nichts verloren, passt nicht in die männerrechtliche Staatsorganisation. Sie muss - wie bei Marduk - beseitigt oder aber

wie in anderen Mythologien auf den richtigen Platz verwiesen werden. Aber selbst Marduk vernichtet die Mutter ja nicht wirklich. Er formt aus ihr eine geordnete Welt und schafft sogar aus dem Blut ihrer Nachkommen der zweiten Generation den Menschen. Der weibliche Fruchtbarkeitsmythos bleibt also erhalten und findet sich in der mesopotamischen Verehrung von außerordentlich mächtigen Fruchtbarkeitsgöttinnen wieder.

Die Emanzipation der Menschen von den Göttern

Erst als die Welt von den Göttern - oder in diesem Fall von Marduk - geordnet worden ist, also der Lebensraum für die Menschen geschaffen wurde, formt Marduk den Menschen, der zwar die Aufgabe hat, den Göttern zu dienen - über die Notwendigkeit dieser Vorstellung, um die gewaltigen kollektiven kulturellen Leistungen überhaupt schaffen zu können, habe ich bereits geschrieben – der letztendlich aber auch beginnt, selbst erwachsen zu werden.

Die mesopotamischen Mythen, die die Zeit nach der Sintflut beschreiben, weisen darauf hin, dass die Menschen beginnen, die Götter zu entthronen. Und damit die Götter mit den Menschen nicht ebenso verfahren wie mit ihren Eltern, schreiben sie den Göttern selbst das Bestreben zu, zu Menschen zu werden. Dieser Aspekt übrigens ist letztendlich Kernpunkt der Sage von Gilgamesch, dem König von Ur.

Die Menschen erheben sich nicht gegen die Götter, sie lassen sie sich mythologisch selbst entthronen, ein Aspekt, der von der herrschenden Priesterschaft nicht unbedingt mit Wohlwollen aufgenommen wurde.

Tatsächlich aber wurde es immer schwieriger, die priesterlichen Machtstrukturen aufrecht zu erhalten. Schließlich begannen sich die Menschen irgendwann ganz real durch die Entwicklung und dem Bewusstsein der eigenen Fähigkeiten von den Göttern zu emanzipieren. Zudem gab es immer wieder genügend Anstöße von außen, um die festgefahrenen verkrusteten Herrschafts- und Organisationsstrukturen in Frage zu stellen.

Das, was wir heute mit der sogenannten Globalisierung erleben, hatte auch damals, als Babylon begann, mächtig zu werden, stattgefunden.

Babylon war nicht der erste wirtschaftliche und politische Großraum, ich hatte bereits die Hethiter und die Assyrer erwähnt. Diese und auch andere Reiche waren nicht von dauerhaftem Bestand, vor allem deshalb, weil sich die auf Stadtstaaten ausgerichteten Organisationsstrukturen nicht mit der Verwaltung von großräumigen Machtstrukturen vertrugen.

Ein Reich lässt sich nicht mit zahlreichen autonomen Zentren, die untereinander ständig in Konkurrenzkampf liegen und in diesem Zusammenhang immer wieder ihre Stadtgötter aufeinanderhetzen, aufrechterhalten. Nein, ein großes Reich brauchte auch große Götter, zentrale Verwaltung und überregionale Strukturen, so wie sie beispielsweise Ägypten und die auf Babylon folgenden Reiche aufwiesen.

Babylon litt also ausgerechnet in seiner Zeit der größten Machtentfaltung unter einer existenzbedrohenden Strukturkrise und das geniale am Marduk-Mythos war, dass hier ein Ansatz gefunden wurde, diese Strukturkrise wenigstens ideologisch zu meistern.

Mit Marduk wurde einer der ersten allmächtigen Götter geschaffen, denen - und zwar mythologisch glaubwürdig - alle anderen Götter untergeordnet waren. Mehr noch, Marduk baut den zahllosen Göttern der unterworfenen Stadtstaaten einen prächtigen Palast im Himmel. Er vertreibt sie letztendlich aus den Tempeln der Städte, entbindet sie ihrer weltlichen Herrschaft und verbannt die Götter ebenso, wie er die Drachen und Ungeheuer, die den vorgeschichtlichen Erd- und Mutterkulten zuzuordnen sind, entmachtet hatte. Der einzige Unterschied besteht darin, dass die alten, vorgeschichtlichen Gottheiten in die Unterwelt - möglichst in die Vergessenheit - verbannt werden. Die Göttergeneration, die die erste Ordnung in der Welt hergestellt hat, der die kulturellen Leistungen in Zusammenhang der Loslösung von der Natur zugeschrieben wird, erhält einen Ehrenplatz im Himmel. Sie werden zu bedeutungslosen Ehrenmitgliedern von Marduks Fanclub, weit weg von den Zentren der Macht, zu Erinnerungen an eine Zeit, die nicht mehr existiert. Marduk ist der absolute Herrscher im Himmel und auf Erden und er findet sein Pendant in der Entwicklung absoluter Herrscher, der zentralen Konzentration der Macht bei den Königen und Herrschaftseliten der zukünftigen Großreiche.

Der Allmächtige und die großen Reiche

Marduk verkörpert letztendlich mythologisch auch die Gründung des Babylonischen Reiches, bei der die Feinde und deren Stadtgötter in die Bedeutungslosigkeit verbannt und der Anspruch auf die zentrale Machtausübung begründet wurden.

Aber auch dieser Aspekt diente nicht nur der Legitimation von Herrschaftsverhältnissen, sondern war natürlich auch hervorragende kulturelle Tat, die eines Gottes würdig, nach einer mythologischen Erklärung rief.

Denn die Vorstellung eines universellen, allmächtigen Gottes setzt ein universelles Verständnis der Welt voraus. Die Menschen hatten damals begonnen, über ihren stadtstädtischen oder mesopotamischen Tellerrand zu blicken. Die Zeiten hatten sich wieder einmal gewaltig verändert.

Wie sehr sich die Zeiten geändert haben, zeigt übrigens auch die Tatsache, dass Marduk seine Drachenmutter mit einem von Rössern gezogenen Streitwagen durchs All jagte. Auch Streitwagen waren für die damalige Zeit etwas Neues. Denn die große, die ganze Kulturregion erschütternde Zeit der Streitwagenheere, auf deren Basis die großen Reiche nicht nur entstehen, sondern auch beherrscht werden konnten brach erst etwa 2000 vor unserer Zeitrechnung an.

Marduk war in jeder Hinsicht ein für damalige Verhältnisse moderner Gott. Er stammte zwar mythologisch aus den ersten Zeiten der Menschwerdung, hatte sich aber auch den neuen Verhältnissen angepasst, wie der Streitwagen zeigt. Insbesondere die Tatsache, dass er nach der Mythologie als Gott der ersten Stunde sich bis "heute" gehalten und seinen Machtanspruch ausgebaut hatte, spricht für seine Flexibilität. Und so ist es wohl auch kein Zufall, dass Marduk auf der Jagd nach seiner Mutter und ihren missratenen

Sprösslingen sich des ganzen im Laufe der Zeit angesammelten Waffenarsenals bedient, Der Keule der „Urmenschen", dem Netz der ersten Fischer, dem Gift, dem Pfeil und Bogen der Jäger, der Blitzstrahlen der ersten Naturgötter und nicht zuletzt eben des modernen Streitwagens. Dass sich Marduk gleichzeitig noch der urzeitlichen Winde bedient, diese unter Kontrolle hat, verbessert noch sein Image als allmächtiger Gott.

Marduk war es trotzdem nicht gelungen, für ein wirklich großes und vor allem relativ dauerhaftes Großreich zu sorgen, zu groß waren offensichtlich die realen Strukturprobleme. Diese Leistung blieb anderen universellen und allmächtigen Göttern vorbehalten, die bald folgten. Aber auch die mussten ihre Rolle als irdische Sachwalter bald mächtigen menschlichen Herrschern überlassen und durften sich vom Himmel aus um das Schicksal der Menschen kümmern. Die Menschen waren bald erwachsen geworden und hatten nun ihrerseits die Götter auf ihre Plätze verwiesen.
Kulturell gesprochen hatten sich die Menschen schließlich gänzlich von der Natur gelöst und ihr Schicksal selbst in die Hand genommen. Sie begaben sich jetzt selbst in die Gegnerschaft gegenüber der Natur, zerteilten ihren Körper, rissen die Adern auseinander, beuteten sie aus und erschlugen die Drachen und Ungeheuer, die sich versuchten, ihnen in den Weg zu stellen. Die Menschen hatten sich selbst zu Göttern gemacht, aber das war nach Marduks Zeit.

Wolfgang Schwerdt

Die Urdrachen

Kampf zwischen Schöpfergottheit und allmächtigen Göttern

Die Kulturgeschichte des vermeintlichen Ungeheuers reicht bis zurück in die Steinzeit und weist auf gravierende soziokulturelle Umwälzungen hin. Babylonische Tontafeln aus dem 2. Jahrtausend vor unserer Zeit dokumentieren einen der ersten Drachenkämpfe. Marduk, der mächtige Stadtgott tötet seine zum Ungeheuer mutierte Mutter und schafft aus ichrem Körper eine neue Welt. Die babylonische Mythologie greift auf noch ältere sumerische Vorgänger zurück.

Mythologische Weiterentwicklung

Bei späteren Kulturen finden sich gewisse Anpassungen, Weglassungen und Verkürzungen des babylonischen Drachenkampfes, die schließlich im biblischen Schöpfungsmythos gipfeln. In der ja nur etwa 2700 Jahre alten Bibel tritt von Anfang an der patriarchalische allmächtige Schöpfergott Jahwe auf, der ohne weibliches Zutun Erde, Himmel und Menschen und zuletzt die Frau aus der „Rippe" des Mannes erschaffen hat. Die Tötung beziehungsweise die Unterwerfung der Schöpferin des allmächtigen Gottes wird hier nicht mehr erwähnt.

Chronologie der Drachenkämpfe in Vorderasien

5. bis etwa 1. Jahrtausend v. Chr:

Aapep oder griechisch Apophis war die
Chaosschlange der Ägypter, die den Sonnengott Re
jede Nacht verschlang, und schließlich doch besiegt
wurde
Anzu, akkadische Göttin, Drächin, wird vom
Sonnengott Ninurta getötet. Er teilt das Ungeheuer,
um daraus Erde und Wasser zu bilden.
Yamm, ugaritischer Meeresgott (Drache) wird von
Baal getötet oder bezwungen.
Tjamat, die Urmutter der Babylonier, getötet von
Marduk.
Illujanka hieß der Drache der Hethiter, im 2.
Jahrtausend vor unserer Zeitrechnung. Getötet vom
Helden Taru.

2. bis 1. Jahrtausend v. Chr.

Lothan, kanaanitische Entsprechung des Leviathan,
wurde von Anat oder Baal getötet.
Azhi Dahaka, Drache der altpersischen Mythologie.
Azhi Dahaka ist der Diener des Geistes des Bösen,
Ahriman, dem Gegenspieler Ormazeds des Geistes
des Guten. Mit seiner Lehre der ursprünglichen
Existenz und des unversöhnlichen Gegensatzes
zwischen Gut und Böse schuf der Prophet Zoroaster
(Zarathustra) die dualistische Denkweise.
Leviathan, hebräischer Drache, Verkörperung des
Bösen, Aufgreifen des Dualistischen Prinzips.

Wolfgang Schwerdt

Der indische Drache

In Indien ist der spätere Schöpfergott Atman niemand anderes als die Urdrächin Vritra im vedischen Indra-Mythos. Die Urdrächin Ananta ist die Mutter aller Nagas (also Schlangen), die bereits vor dem Aufkommen des Buddhismus in Indien verehrt wurden. Die Nagas und deren drachige Urmutter haben eine Wassernatur

Der chinesische Drache

In China vermissen wir eine den orientalischen Schöpfungsmythen entsprechende vollständige Geschichte. Trotz allem aber gibt es in den bruchstückhaften Überlieferungen immer wieder ein vergleichbares Prinzip: das Schaffen von Ordnung aus dem Chaos.
Die ersten Zeugnisse von Drachendarstellungen in China stammen etwa aus dem 4. Jahrtausend vor Christus. Vermutlich stehen sie hier in einem totemistischen Zusammenhang und hatten die Funktion von Schutzgottheiten im Rahmen einer Stammeskultur. In jener Zeit aber überwiegen Darstellungen anderer Totemtiere, wie Hirsche oder Fische. Im Laufe der Zeit und im Rahmen von Stammeszusammenschlüssen bzw. Unterwerfungen wurden die verschiedenen Totemtiere miteinander vereint, bis schließlich der chinesische Drache etwa im 2. Vorchristlichen Jahrtausend begann, seine bis heute gültige Gestalt anzunehmen.

Einzigartige Persönlichkeiten

Die ersten Drachen waren keine Spezies, sondern jeweils einzigartige Wesen, mächtige Gottheiten. Gemeinsamkeiten ergeben sich nicht durch ihr Aussehen
oder Verhaltensweisen wie Schätze bewachen oder
Jungfrauen rauben, sondern durch ihre kulturelle
Funktion als chaotische Naturgottheit und Verkörperung der Gegner der hierarchischen zivilisatorischen, von Menschen geschaffenen Ordnung.

Wolfgang Schwerdt

Entwicklungen und Kontroversen in alttestamentlicher Zeit

Hubert Irsigler: Die Identität Israels – eine Rezension

Das Selbstverständnis des biblischen Israel war Inhalt einer wissenschaftlichen Vortragsreihe im Rahmen des 30. Orientalistentages 2007 in Freiburg im Breisgau, die im Buch „Die Identität Israels" dokumentiert ist.

Zugegeben, einige der Texte, die in Band 56 von Herders biblischen Studien als Zusammenfassung der Vortragsreihe zur Identität des alttestamentlichen Israel abgedruckt sind, können nur Literaturwissenschaftler lieben. Denn die Autoren des Buches sind nicht nur, wie der Herausgeber, Dr. theol., Professor Hubert Irsigler, ausgewiesene Fachleute, die Vorträge und das Buch richten sich auch in erster Linie an solche.

Exegese, Literaturkritik und Textanalyse

Und trotzdem darf das Buch „Die Identität Israels" durchaus auch kompetenten und interessierten Laien gerade im Zusammenhang mit *Mythologie Aspekte* empfohlen werden, denen die Grundlagen der Exegese, der Methodik von Literaturkritik und Textanalyse ebenso wenig fremd sind, wie Aufbau, Struktur und Entstehungsgeschichte der Texte des Alten Testamentes. Und mit einem entsprechenden Vorwissen der Geschichte des vorderen Orient, erschließt sich dem geneigten Leser nach Überwindung des ersten, explizit und für den Laien fast erbarmungslos wissenschaftlich-textanalytisch aufbereiteten Kapitels mit dem Titel „Konflikt und Konfliktlösung" sehr bald der inhaltliche Reiz des gewählten Themas.

Das alttestamentliche Selbstverständnis Israels

Populärwissenschaftlich sind die Texte an keiner Stelle und die Lektüre bedeutet Arbeit. Aber sie bringt auch Erkenntnis über die unterschiedlichen Konzeptionen der Identität und Einheit Israels, seinem religiösen und ethnischen Selbstverständnis im Kontext der jeweils konkreten politisch-historischen Situation. Denn das Selbstverständnis der Identität Israels, das wird in dem Buch deutlich, hängt nicht nur von den persönlichen Vorstellungen der Verfasser der Bibeltexte, sondern auch von politischen Notwendigkeiten und Interessen, von Macht- und Herrschaftsansprüchen und nicht zuletzt der gesellschaftlichen Verfassung ab. Und auch das Verhältnis Gottes zum Volk, zu seinen Führern oder zum Land und eben auch umgekehrt, definiert sich im Laufe der Geschichte recht unterschiedlich.

Wer oder was ist eigentlich Israel?

Vor diesem Hintergrund ist auch der Untertitel „Entwicklungen und Kontroversen in alttestamentlicher Zeit" zu verstehen, die sich aus den Bibeltexten herauslesen lassen. Phasen des imperialistischen Anspruchs Israels sind in den Texten ebenso zu finden wie Phasen der Abschottung gegenüber den Nachbarvölkern, des Selbstverständnisses als auserwähltes Volk oder als ein Volk unter vielen. Und vor allem wird unter den Wissenschaftlern immer wieder die Frage diskutiert wer oder was galt eigentlich jeweils als Volk Israel. Ist das Volk in den Bibeltexten ethnologisch definiert, versteht sich Israel als eine gebietsbezogene Nation, ist gar jeweils nur das Nord- oder das Südreich gemeint, ist sein tatsächlicher oder mythologischer Ursprung von den und wenn ja von welchen Stammvätern maßgeblich? Definiert sich Israel über seinen Gott?

Jachweh, Israel und die Welt

Die Auswahl der untersuchten alttestamentlichen Texte in „Die Identität Israels" zeigt, dass eben auch hier Entwicklungen und Kontroversen, vor allem vor dem Hintergrund unterschiedlicher politischer Szenarien und Konstellationen im Laufe der Geschichte sichtbar werden. Was aber noch wichtiger ist, man begreift auch die Gründe und Intentionen der Verfasser, für ihre jeweils spezielle Sichtweise der Identität Israels. Natürlich ist in diesem Kontext die Frage nach der Rolle Gottes immer wieder ganz Wesentlich. Das ist bei der Untersuchung der Bibel ja nicht weiter verwunderlich. Tatsache aber ist, dass die Rolle der Götter oder auch des jeweils einzigen Gottes in der untersuchten Zeit für alle Zivilisationen, Völker und Mächte eine recht Zentrale und immer auch eine Politische war. Eine Rolle, die generell die Identität eines

Volkes, einer Nation, eines Reiches im inneren und im Verhältnis nach Außen bestimmt hatte.

Israel und die Bibel

Insofern ist das Buch „Die Identität Israels" eben kein Religions- oder religiöses Buch. Es geht hier auch nicht um den Beweis der Identität oder Existenz Gottes. Ja es geht nicht einmal darum, die historische Wahrheit der Bibel zu belegen. Im Gegenteil, oft genug relativieren die Autoren die historischen Aspekte der Bibel vor dem Hintergrund archäologischer und historischer Quellen. Und so kommt es, dass der interessierte und arbeitsame Leser nicht nur viel über das eigentliche Thema, die Identität Israels im historischen Selbstverständnis sondern auch aus der Sicht der Nachbarvölker erfährt.

Israel und die Gesetze

Die Auseinandersetzung mit den Quellen zeigt eben auch, dass es sich hier um politische Texte handelt, die, wie alle Mythologien vor allem die Aufgabe hatten, eine wie auch immer geartete Identität einer Gemeinschaft zu stiften, Machtverhältnisse zu legitimieren das innere und äußere Verhältnis einer Gesellschaft über spezielle Regeln und Rituale (oder eben Gesetze, ob göttlich oder menschlich) zu organisieren.

Zeit- und Religionsgeschichte des alten Israel

Auch wenn der Herausgeber von „Die Identität Israels" einen „Durchblick ohne Anspruch auf Vollständigkeit" anstrebt, so ist die Untersuchung unterschiedlicher biblischer Literaturen mit Bezug auf verschiedene Epochen der Zeit- und Religionsgeschichte des alten Israel doch für die weitere, eigenständige Auseinandersetzung des Lesers mit dem Thema und der Bibel ungemein ergiebig. Nicht zuletzt wegen der sehr umfassenden Anmerkungen und Literaturhinweise zu jedem einzelnen Kapitel.

Hubert Irsigler (Hrsg.): Die Identität Israels,
Entwicklungen und Kontroversen in
alttestamentlicher Zeit. Herder 2009.

Die Götterwelt Mittel- und Südamerikas

Wolfgang Schwerdt

Götter und Monster in Mesoamerika

Wer bereits Schwierigkeiten mit der vielfältigen Götter- und Kulturenwelt Vorderasiens hat, der wird an Mittel- und Südamerika seine helle Freude haben. Rund eintausendsechshundert Gottheiten geisterten allein in den aztekischen Mythen umher. Und dann auch noch die unaussprechlichen und unlesbaren Namen, die man sich, ohne dieses Thema zu seiner Lebensaufgabe zu machen, kaum merken kann.

So ist es kein Wunder, dass diese Abhandlung versucht, sich auf einige wesentliche Aspekte zu konzentrieren und an der einen oder anderen Stelle durch Thesen und sicher auch Spekulationen den Leser eher zur weiteren Eigenarbeit an dem Thema anzuregen, als letzte Erkenntnisse wiederzugeben.

Götter mit Migrationshintergrund

Mesoamerika, das ist die Heimat der großen Kulturen der Maya und Azteken. Tolteken und Olmeken sind weitere Kulturen, die uns vielleicht aus dieser Region noch wenigstens vom Namen her geläufig sind. Und wenn ich oben davon gesprochen habe, dass allein die Azteken rund 1600 Götter verehrten, dann kommen natürlich noch die zahlreichen Götter dieser anderen Kulturen hinzu.

Natürlich gibt es - wie auch in Vorderasien – zahlreiche Entsprechungen, Übernahmen von Göttern aus der einen in die andere Kultur und Transformationen von alten Göttern, Göttinnen und Gottheiten im Verlaufe der Zeiten.

Quellen

Am besten wäre es natürlich am Anfang der kulturellen Entwicklung zu beginnen, aber wie so oft besteht hier das größte Problem in der Quellenlage. Aus der Zeit vor der spanischen Eroberung finden sich nur wenige schriftliche Zeugnisse für Mesoamerika. 14 sogenannte Codizes der Aztekischen Epoche und gerade einmal vier der Maya-Zeit haben überlebt. Diese Codizes befassen sich hauptsächlich mit Ritualkalendern und Methoden, die Zukunft vorherzusagen, beziehungsweise mit Mythen und Legenden der Azteken und ihrer Nachbarn aus der nachklassischen Periode.

Die wichtigsten Quellen über die Mythologie der Azteken und der späten Maya sind jedoch die Handschriften aus der Zeit nach der spanischen Eroberung, von denen einige Abschriften von Büchern aus der Zeit vor der Eroberung sind.

Als berühmtestes Beispiel für eine Abschrift kann wohl das Popol Vuh gelten, das in Quiche-Maya verfasst ist und aus dem Hochland Guatemalas stammt. Darin wird in drei Abschnitten vom Ursprung der Maya-Welt erzählt, von der Herkunft von Mensch und Korn sowie der mythischen Geschichte des Quiché-Volkes.

Das Wissen um Kultur, Riten und Philosophie der Azteken und Maya kann vor dem Hintergrund der Quellen als weitgehend gesichert gelten. Doch die Themen der Religionen und die Götter haben ihren

Wolfgang Schwerdt

Ursprung in der schrift- aber wenigstens nicht bilder-
losen Welt der Olmeken, die diesen beiden Zivilisationen vorausging. Die folgende Zeittafel verdeut-
licht noch einmal die Tatsache, dass unsere Kenntnis
über die Mesoamerikanischen Kulturen eher aus jüngerer Zeit stammen.

Die Entstehung der Zivilisation in Mesoamerika

1500 v. Chr. Erste sesshafte Bauernsiedlungen, Töpferware

1500 v. Chr. – 900 v. Chr. Frühes Auftauchen
gesellschaftlicher Schichtung und Häuptlingstümer

1200 v. Chr. - 500 v. Chr. Weitverbreiteter Olmeken-
Symbolismus

600 v. Chr. Früheste mesoamerikanische Schrift
einschließlich Kalenderglyphen

500 v. Chr. – 100 v. Chr. Staatenbildung im zentralen
Hochland und im Tal von Oaxaca; erste Stadt bei Monte
Albán

100 v. Chr. – 200 Sonnen- und Mondpyramiden; Straße der
Toten; geplanter Grundriss Teotihuacans

200 – 750 klassische Einflussperiode Teotihuacans
750 Niedergang Teotihuacans

750 – 1200 Niedergang der Maya-Zentren der klassischen
Periode

1000 – 1200 Tolteken-Reich

1400 – 1521 Azteken-Reich

41

Wenn von der aztekischen Götterwelt die Rede ist, dann fällt einem sofort der Gott und Kulturheroe Quetzacóatl, die gefiederte Schlange ein. Das Motiv dieser gefiederten Schlange ist aber viel älter. Sie taucht bereits im Schöpfungsmythos des Popol Vuh als androgyne Schöpfergottheit auf.

„Da war das ruhende All, Kein Hauch, Kein Laut. Reglos und schweigend die Welt. Und des Himmels Raum war leer.

Dies ist die erste Kunde, das erste Wort. Noch war kein Mensch da, kein Tier. Vögel, Fische, Schalentiere, Bäume, Steine, Höhlen Schluchten gab es nicht. Kein Gras. Kein Wald. Nur der Himmel war da.

Noch war der Erde Antlitz nicht enthüllt. Nur das sanfte Meer war da und des Himmels weiter Raum.

Noch war nichts verbunden, Nichts gab Laut, nichts bewegte, nichts erschütterte, nichts brach des Himmels Schweigen. Noch gab es nichts Aufrechtes. Nur die ruhenden Wasser, das sanfte Meer, einsam und still. Nichts anderes.

Unbeweglich und stumm war die Nacht, die Finsternis. Aber im Wasser, umflossen von Licht, waren diese: Tzakól, der Schöpfer; Bittól, der Former; der Sieger Tepeu und die Grünfederschlange Gucumátz; Alóm auch und Caholóm, die Erzeuger. Unter grünen und blauen Federn waren sie verborgen, darum sagt man Grünfederschlange. Große Weisheit und große Kunde ist ihr Wesen. . . . . In Dunkelheit und Nacht kamen Tepeu und Gucumátz zusammen und sprachen miteinander. Also sprechend berieten sie und überlegten: sie kamen überein und ihre Worte und Gedanken glichen sie aus. Und sie erkannten, während sie überlegten, dass mit dem Licht der Mensch erscheinen müsse. So beschlossen sie die Schöpfung und den Wuchs der Bäume und Schlingpflanzen, den Beginn des Lebens und die Erschaffung des Menschen. "

Auch wenn hier bereits eine ganze Reihe von Namen fallen, letztendlich reduziert sich diese Vielfalt auf die eine duale Schöpfergottheit Tepeu/ Gucumátz, die Grünfederschlange. Diese androgyne Schöpfergottheit taucht immer wieder in den mesoamerikanischen Mythologien auf, so beispielsweise im Vopol Vuh als Großmutter oder die Alten.

Drachen, Götter, Reiche

Peter Davod Joralemon widmete dem olmekischen Drachen 1976 eine ausführliche Studie. Anhand von Steinornamenten und Keramikgefäßen verfolgte er das Motiv der gefiederten Schlange bis in die Anfänge der olmekischen Kultur zurück und bezeichnete den olmekischen Drachen als Gott I von insgesamt zehn von ihm klassifizierten Gottheiten. Gott I definierte er als mythologisches Ungeheuer mit den Kennzeichen des Kaiman, Igel, Jaguar, Menschen und der Schlange. Als Gottheit sei er vor allem mit der Erde, dem Wasser und der landwirtschaftlichen Fruchtbarkeit zu assoziieren.

Schlangen sind in der Bilderwelt Mesoamerikas allgegenwärtig. Sie wurden sowohl mit weiblichen als auch mit männlichen Qualitäten assoziiert. Das Wort Cóatl bedeutet Schlange und findet sich in zahlreichen Namen, nicht nur bei Quetzacóatl wieder. Coatlícue, die Schlangendame z.B. war die oberste Erdgöttin der

Azteken und Gattin der Wolkenschlange Mixcóatl. Dieser Mixcóatl übrigens taucht als höchster Gott der Chichimeken wieder auf und ist dort der Sohn der Erdgöttin Itzpapáloti.

Es besteht kein Zweifel, die ursprüngliche Schöpferkraft waren auch bei den mesoamerikanischen Kulturen die alten Muttergottheiten, selbst wenn wie bei den Maya und den Azteken das Patriarchat herrsche und der jeweils höchste Gott ein männlicher war. Aber eine ursprüngliche matriarchale Orientierung und das in Zusammenhang mit der Entwicklung der städtischen Zivilisationen und der Entwicklung der Herrscherklassen entstandene Patriarchat sind auch hier aus den Mythologien erkennbar. So erfahren in den Anfängen des Popol Vuh die beiden Alten (und damit vor allem die Große Mutter) eine eindeutige Verehrung, bis schließlich in einer Geschichte die „Großmutter" von zwei Jünglingen respektlos ausgetrickst wurde. Die Geschichte endet mit dem kulturgeschichtlich durchaus revolutionären Satz: *„sie (die Jünglinge) gingen voran, als erste vor der Ahnin (die alte Göttin mit dem Regenkrug)".*

Im Folgenden eine Auswahl aus der mesoamerikanischen Götterwelt:

Frühzeit

Omecíhuatl war das weibliche Gegenstück zu Ometecuhitli und damit der weibliche Aspekt der androgynen Gottheit Ometotl. Eine wohl sehr ursprüngliche mesoamerikanische Schöpfergottheit der Frühzeit.

Olmeken

Gott III: Die olmekische Himmelsgottheit wird als Vogelungeheuer mit reptilienähnlichen Zügen, Raubtierschnabel mit dickem Wulst, pfotenähnlichen Flügeln, die in Klauen auslaufen, einem Kamm auf dem Schädel, tiefen Augenhöhlen und flammenden Augenbrauen dargestellt.

Gott VII: Olmekische Gottheit, vielleicht Vorläufer der gefiederten Schlange.

Gott VIII: Olmekisches Fischungeheuer, das mit Ozean und stehendem Gewässer assoziiert wurde. Er hat einen Fischkörper mit zweigeteiltem Schwanz, Krokodilzähne und einige Attribute des Hais.

Maya

Ix Chebel Yax oder Chebel Yax ist identisch mit der Göttin O der Maya- Kodizes. Sie war eine Schöpfergöttin, die als Itzamnas Gattin höchstes Ansehen genoss. Sie galt als Mutter aller Götter und Göttinnen.

Ix Chel, die Maya-Göttin I der Kodizes ist die Gemahlin des Sonnengottes Kinich Ahau. Sie war die Mondgöttin und verfügte als solche über vielerlei Aspekte. Ursprüngliche Darstellungen zeigen sie als Göttin mit Klauen, auf deren Haupt sich eine Schlange windet und deren Rock mit gekreuzten Knochen geschmückt ist.

Theotihucán-Spinnenfrau oder Große Göttin der klassischen Periode war eine der ranghöchsten Gottheiten der Stadt Theotihucán.

Tepoztécatl war der Patron der Stadt Tepoztlán, die der von einer harten Tributpflicht erlöste, weil er den Drachen von Xochicalco tötete. In Xochicalco findet sich eine Pyramide, die speziell der gefiederten Schlange gewidmet ist. Rund um die Basis winden sich Darstellungen der „Federschlange" der die Stadt Tepoztlán Tribut zollen musste. Die Legende beschreibt das Ende der Herrschaft der „Schlangenstadt" über Tepotzlán.

Azteken

Coatlícue die Schlangendame, oberste Erdgöttin der Azteken, mit Schlangenzunge, Fangzähnen und einem Rock aus einer dichten Masse von Schlangen dargestellt.

Xiuhcoatl, die Türkisschlange war ein Feuerring, das Gegenstück zu Xiuhtecuhtli, dem wohlwollenden Schlangengott, der eine der Manifestationen von Quetzalcoatl ist. In der aztekischen Mythologie trägt eine Türkisschlange die Sonne vom Aufgangspunkt bis zur Himmelsmitte, wo sie von einer anderen übernommen und nach Westen gebracht wird.

Mythologische Transformationen

Aus dem Wissen um die aztekische und die Mayakultur, in der jeder Gott sein Gegenstück findet, schlussfolgern Wissenschaftler, dass die Dualität ein Grundkonzept des mesoamerikanischen Kulturraumes ist. Und tatsächlich finden sich in den Überlieferungen zahllose Gegensatzpaare, die diese Schlussfolgerung belegen.

Tatsache ist aber auch, dass die einzelnen Götter (und selbstverständlich auch Göttinnen und androgyne Gottheiten) zahllose Manifestationen haben. Und das nicht nur durch den intensiven Austausch und die gegenseitige Beeinflussung, die in Mesoamerika durch die Herrschenden raum- und zeit-übergreifend war. Bereits die Schöpfungsgeschichte des Popol Vuh gibt dem ersten Schöpferpaar, das als Einheit angesehen war, eine ganze Reihe von Namen, Manifestationen und Eigenschaften. Ganz der animistischen Tradition entsprechend wird nicht getrennt, sondern in einer Muttergottheit die universale Vielfalt in seinen verschiedenen Erscheinungsformen und Wirkungsweisen gesehen.

Diese Sichtweise geht schließlich mit fortschreitender Zivilisation, hierarchischer Organisation der Gesellschaft mit seiner Arbeitsteilung und seinen tatsächlichen Gegensätzen in einen Dualismus über. Die alte sich im ständigen Kulturaustausch (und natürlich im Rahmen der Unterwerfung anderer Völker) erweiternde Götterwelt wird angepasst, die ursprüngliche Multifunktion der Gottheiten wird zerlegt und in kleinen Stücken auf immer mehr einzelne Götter verteilt.

Und auch in Mesoamerika geschieht mit der natürlichen Schöpfergottheit das gleiche, wie in den anderen Zivilisationen der Erde. Ihre abstrakte animistische und totemistische Natur wird aufgegriffen und zu einem komplexen und konkreten Gesamtwesen entwickelt, das von uns heute in seiner Darstellung als Ungeheuer als Drache interpretiert wird. Aber so schrecklich diese Wesen auf uns auch wirken mögen, die Übernahme des Drachenbildes durch die männlichen Götter der Maya und Azteken beispielsweise - die zumindest androgynen, wenn nicht weiblichen Gottheiten und vor allem ihre Schöpferfähigkeiten wurden ja schließlich weitgehend in die männlichen Haupt- und Schöpfergötter transformiert - spricht eher dafür, dass der Inhalt und die Eigenschaften dieser Gottheiten eher normal, denn furchterregend und abstoßend gewesen sein dürfte.

Drachenkämpfe, das wissen wir, haben auch stattgefunden wie die Geschichte von Tepoztécatl zeigt. Ich könnte mir aber vorstellen, dass es auch ursprünglichere Drachenkämpfe in der schriftlosen Frühgeschichte Mesoamerikas gegeben hat, die einfach deshalb nicht mehr überliefert sind, weil ihre Kenntnis bei den späteren Kulturen vorausgesetzt werden konnte. Die eine oder andere blutige Auseinandersetzung zwischen Muttergottheiten und ihren männlichen Sprösslingen wird im Popol Vuh durchaus angedeutet und findet sich auch in anderen mesoamerikanischen Mythologien wieder.

Kulturelle Unterschiede und Gemeinsamkeiten

Wie man an diesem Abriss erkennen kann, lohnt sich eine Auseinandersetzung mit dem mesoamerikanischen Drachen durchaus. Nicht nur, dass diese Kulturen durch ihre Bildhaftigkeit und Dynamik eine große Faszination auf den Betrachter ausüben. Hier scheint auch der Drache für die Erklärung der Welt und die Legitimation von Macht- und Herrschaftsstrukturen ebenso wie in China ein ganz zentrales Phänomen darzustellen. Und es ist immer wieder interessant, welche Parallelen es sowohl hinsichtlich der kulturelen Entwicklung als auch der damit verbundenen Weltvorstellungen über alle Kulturkreise hinweg zu geben scheint.

Nichts liegt mir ferner, als eine Gleichsetzung von Göttern verschiedener Kulturen vorzunehmen – wie es so gerne bei den vorderasiatischen, griechischen, etruskischen, römischen, keltischen und germanischen getan wird. Die Göttervorstellungen in den verschiedenen Kulturen haben tatsächlich unterschiedliche Hintergründe und damit Ausprägungen und hängen offensichtlich von zahlreichen Faktoren, wie natürliche Bedingungen, Mobilität etc. ab. Aber es ist immer wieder auffällig, wie ähnlich sich bei halbwegs kongruenten Rahmenbedingungen die kulturellen, sozialen und religiösen Entwicklungslinien sind.

Gerade bei der Betrachtung Mittelamerikas stellt sich mir vor diesem Hintergrund die Frage nach der Bedeutung des Kulturtransfers wieder neu.

Literaturhinweise:
- David M. Jones und Brian L. Molyneaux; Die Mythologie der Neuen Welt, EDITION XXL, Reichelsheim 2002
- Popol Vuh, Das Buch des Rates, Mythos und Geschichte der Maya, Eugen Diederichs Verlag, 1998
- Bernd Schmelz, Rüdiger Vossen, Auf Drachenspuren, Holos Verlag, Bonn 1995
- Böran Burenhult, Kulturen der Neuen und Pazifischen Welt, Jahr-Verlag, Hamburg.

Götter und Monster in Südamerika

Wenn hier von Südamerika die Rede ist, so bezieht sich dieser Beitrag vor allem auf die Kulturen der nördlichen und zentralen Anden- einschließlich der Küstenregion. Die Amazonasregion mit den zahlreichen Indianerstämmen bleiben hier – so interessant sie auch sind - außen vor. Denn die oben umrissene Region war die einzige, in der sich Stadtstaaten, König- und Kaiserreiche entwickelten die entsprechende archäologische, künstlerische und architektonische Zeugnisse hinterließen.

Die schriftlichen Quellen sind übrigens ebenso wie in Mittelamerika mit großer Vorsicht zu interpretieren. Denn es handelt es sich hier vor allem um Erzählungen von Einheimischen, die eine europäische Sprache beherrschten oder eben um Berichte von Europäern, also um sehr späte und vor allem „ideologisch gefilterte" Quellen.

Dementsprechend ist die Interpretation von mythologisch durchaus auch aus anderen Kulturen bekannten Symbolen recht problematisch. Denn geht man nicht von einer gewissen evolutionären Kongruenz aller Kulturen aus, so ist die Adaption von scheinbar Bekanntem auf die südamerikanischen Zivilisationen eben auch nicht zulässig. Zumal nicht einmal eine Kulturtransfertheorie entsprechende Vergleiche erlauben dürfte. Soviel auch spekuliert worden sein mag, nachdem während der letzten Eiszeit der amerikanische Doppelkontinent von Sibirien kommend erstmals besiedelt wurde und dann – ca. 10000 v. Chr. – der steigende Meeresspiegel Nord- und Südamerika wieder von der restlichen Welt isoliert hatte, lassen sich archäologisch bislang keine weiteren Einwanderungen nachweisen, bis zu dem Zeitpunkt, als die Europäer kamen. Ein Kulturtransfer bleibt also weitgehend Spekulation, auch wenn viele Parallelen zu Hochkulturen der Alten Welt und Asiens erkennbar zu sein scheinen.

Kulturheroen als Schöpfergottheiten und die fehlende Ursuppe

Ein Indiz dafür, dass es möglicherweise doch kulturelle Einflüsse von Außerhalb gegeben haben könnte, scheint mir allerdings die Tatsache, dass in den bekannten Mythen der Zivilisationen der Andenregionen kaum ein klar erkennbarer Weltschöpfungsmythos zu existieren scheint. Die Existenz der Welt scheint als gegeben akzeptiert zu werden, die mythologischen Schöpfungserklärungen konzentrieren sich vor allem auf die Entstehung der Menschen und ihrer sozialen Organisation. Dabei geht es meist um Sonne und Mond und den Aufstieg des Menschengeschlechtes aus der Unterwelt. Die Schöpfergottheiten wie Viracocha (Inka) und der deutlich ältere Pachacamac waren in erster Linie Wanderer, die die einzelnen Stämme kulturelles Wissen lehrten, das schließlich zum Aufbau der jeweiligen Zivilisation führte.

Nun heißt dies nicht, dass die Kulturen über keinen Weltschöpfungsmythos nach dem Konzept „Ursuppe" und Chaos mit weiblicher Schöpfergottheit etc. verfügten. Es heißt schlichtweg, dass dieser Mythos nicht übertragen wurde, weil er möglicherweise durch andere Erklärungsnotwendigkeiten in den Hintergrund getreten, vielleicht einfach als bekannt vorausgesetzt wurde. Das Phänomen der fehlenden „Ursuppe" findet sich auch bei den Inselkelten, deren Mythologie vor allem die Einwanderungswellen auf das Eiland und die daraus entstehende Ordnung beschreibt.

Wenn man den Aspekt der fehlenden „Ursuppe" und gewisse formale Entsprechungen zu anderen Kulturen betrachtet, so scheint ein Kulturtransfer nicht absolut unwahrscheinlich – belegt ist er aber nicht.

Eine Welt von Ungeheuern

Nun soll in diesem Beitrag aber keine Diskussion um Kulturtransfer oder andere kulturgeschichtliche Evolutionstheorien geführt werden. Mit den obigen Ausführungen will ich lediglich darstellen, dass die Betrachtung und Interpretation der Götter- und vielleicht auch Drachenwelt der südamerikanischen Zivilisationen wesentlich unklarere Grundlagen haben, als dies beispielsweise bei den vorderasiatischen Kulturen der Fall ist und dass die Bezeichnung Drache für verschiedene Darstellungen und Figuren im engeren Sinne nicht unbedingt korrekt sein muss.

Seit etwa 3500 v. Chr. sind in der hier betrachteten Region feste Siedlungen bäuerlicher Kulturen auszumachen, deren Gebäude und Gräber bereits auf soziale Unterschiede schließen lassen.

Von etwa 1200 v. Chr. an sind in den Anden dann neue, größere Zivilisationen auszumachen. Die am weitesten verbreitete frühe Kultur war die Chavin-

Kultur (1200 – 200 v. Chr.). Anscheinend basierte sie auf einem religiösen Zeugungskult, dessen Götter in allen späteren Kulturen der Zentral-Anden wiederkehren und bis zur Zerstörung der Ur-Religionen durch die europäischen Eroberer im 16. Jh. Verehrt wurden.

Natürlich verarbeitete die Chavin-Kultur die religiösen Vorstellungen der Vorgängerkulturen und so nimmt es kein Wunder, dass ein zentrales Element der Chavin, der „Fangzahngott" bereits in den früheren Kulturen immer wieder auftaucht und sich auch bis in den späten Horizont hinein in der ganzen Andenwelt findet.

Wesentliche Merkmale der Fangzahngottheit sind fratzenartige Katzen- (Jaguar) gesichter mit riesigen Fangzähnen, Elemente von Schlangen, Menschen und diversen anderen Tieren. Man darf getrost von einem animistischen Hintergrund ausgehen, der zur Vorstellung dieser Mischwesen geführt hatte. Die gleichen Elemente finden sich auch bei den Schöpfergottheiten der Andenregion, die sich wahrscheinlich auf die archaischen Stabgottheiten zurückführen lassen.

„Papas" und Mamas

Die bekanntesten südamerikanischen Götter sind männlich, die repräsentieren die Sonne und lassen sich immer wieder auf die Kulturheroen zurückführen, die den diversen Völkern durch ihre oben bereits angesprochene Wanderung das Wissen um Maisanbau, Bewässerung etc. gebracht und daraus auch ihren Schöpfer- und Herrschaftsanspruch abgeleitet hatten.

Diese Götterwelt ist uns natürlich vor allem durch die Überlieferung der europäischen Eroberer und der späten Hochkulturen des Andenlandes, allen voran der Inka, bekannt.

Im früh- und vorgeschichtlichen Hintergrund allerdings tummeln sich die animistischen Fangzahn- und Stabgottheiten, bis hin zu den diversen Mamas, den Erdgöttinnen, den Urmüttern –wie z.b. der Pachamama, der Erdgöttin der Inka. Pachamama war eine der frühesten Gottheiten und für das Wohlergehen der Pflanzen und Tiere verantwortlich. Selbst heute noch opfert man der Pachamama bei allen wichtigen agrarisch orientierten Festen. Und auch die bei den Inka kaum noch bedeutende Mondgöttin Si sollte man allein deshalb nicht verschweigen, weil sie ursprünglich eine wesentliche Rolle in den Glaubensvorstellungen der Andenvölker inne hatte. Si war immerhin die höchste Göttin der Moche und später auch der Chimu und herrschte als Königin der Jahreszeiten und des Wetters auch über Götter und Menschen.

Drachen? – eine Frage der Interpretation

Kehren wir zurück zu den sehr ursprünglichen Fangzahn- und Stabgottheiten, so lässt sich hier feststellen, dass das Geschlecht noch nicht eindeutig festgelegt war. Es finden sich weibliche und männliche Darstellungen gleichermaßen und immer wieder Schlangen.

Drachenkämpfe, wie im vorderen Orient, die auch mythologisch die Ablösung matriarchaler durch patriarchale Strukturen dokumentieren, lassen sich – letztendlich wohl aufgrund der Quellenlage- kaum ausmachen. Letztendlich ist das auch der Grund, weshalb die Fachwelt trotz passendem Erscheinungsbild mit der Charakterisierung der frühen Andengötter als Drachen sehr vorsichtig ist. Andererseits finden sich in der Ikonographie, in ihrer Entwicklung und in den bekannten (wenn auch nicht unbedingt ungefilterten) Mythologien alle Elemente, die in anderen Kulturen der Welt zur recht eindeutigen Entwicklung einer Drachenvorstellung geführt haben. Wir finden auch in Südamerika die einschlägigen Symbole wie Schlangen oder zusammengesetzte Wesen, wir finden weibliche Erd- und wahrscheinlich auch Schöpfergottheiten, wir können weitere mächtige Göttinnen als Urmütter der Völker (und sicher auch der Götter) ausmachen und wir haben es entsprechend der zivilisatorischen Entwicklung auch mit Regen und Wettergottheiten zu tun. Und nicht zuletzt führen alle Andenkulturen in der untersuchten Region ihren Ursprung auf Wasser und Höhlen zurück, als zentrale Quelle allen Lebens der Titicacasee.

Dem Chaos auf der Spur

Wenn auch keine ursprünglichen Drachenkämpfe nachweisbar zu sein scheinen, eine zumindest ideologische Unterordnung ursprünglicher und fremder Götter haben die Inka letztendlich zur Perfektion entwickelt. Ihr kulturell ja recht junger oberster Sonnengott wurde mythologisch mit jeder unterworfenen Kultur immer älter gemacht, damit die Inka ihren Vormachtanspruch sichern konnten. Selbst eindeutig ältere Schöpfergottheiten anderer Kulturen wurden dem Viracocha als entweder gleichaltrig oder jünger dargestellt. Der Viracocha der jungen Inkakultur wurde zum ersten Gott der Andenregion. Es ist durchaus auch zu vermuten, dass die älteren Schöpfergottheiten wie beispielsweise Pachacamac auf weibliche Schöpfergottheiten zurückzuführen sind und von den Inka zweckmäßigerweise vermännlicht wurden. Pachacamac nämlich war eine so mächtige Gottheit der Küstenregionen, dass es den Inka einfach nicht gelingen wollte, diese ihrem Viracocha unterzuordnen. Als Lösung des Problems wurde schließlich durch mythologische Trickserei festgestellt dass Pachacamac und Viracocha letztendlich identisch waren. Dazu musste Pachacamac unabhängig von seiner tatsächlichen Natur aber natürlich männlich sein.

Pachacamac gilt übrigens als Sohn der Sonne und des Mondes. Eine frühere Gottheit namens Con hatte die Menschen geschaffen, doch Pachacamac besiegte die Gottheit und verwandelte die Menschen in Affen.

Diese zentrale Legende lässt immerhin die Schlussfolgerung zu, dass auch bei den Andenkulturen vor den männlichen Schöpfergöttern eine andere Schöpferkraft vorausgesetzt wurde, dass also die allmächtigen männlichen Götter auch nur Schöpfungen einer älteren wahrscheinlich universelleren (weiblichen? Chaotischen?) Schöpferkraft waren. Und wenn dies stimmt, dann dürfte es auch eine mit den orientalischen Drachenkämpfen vergleichbare Auseinandersetzung zwischen den Vertretern des naturreligiösem „Chaos" und denen der zivilisatorischen Ordnung gegeben haben. Ob hier mangels schriftlicher Überlieferungen die Ikonographie der Andenregion Aufschluss geben kann, vermag ich nicht zu beurteilen. Möglicherweise aber kann diese Hypothese ein brauchbarer Ansatzpunkt zur Entschlüsselung bislang rätselhafter Darstellungen der alten Völker sein.

Literaturhinweise:

- David M. Jones und Brian L. Molyneaux; Die Mythologie der Neuen Welt, EDITION XXL, Reichelsheim 2002
- Popol Vuh, Das Buch des Rates, Mythos und Geschichte der Maya, Eugen Diederichs Verlag, 1998
- Bernd Schmelz, Rüdiger Vossen, Auf Drachenspuren, Holos Verlag, Bonn 1995
- Böran Burenhult, Kulturen der Neuen und Pazifischen Welt, Jahr-Verlag, Hamburg.

Japan und seine Drachen

Wolfgang Schwerdt

Susa-no-o und die achtgabelige Schlange

**Eine der bemerkenswertesten immer wieder heran-
gezogenen Drachengeschichten Japans ist der Kampf
zwischen dem Gott Susa-no-o mit der achtgabeligen
Schlange. Hier die Fassung wie er im Nihongi, einer
der beiden Chroniken Japans beschrieben ist.**

*"Nunmehr stieg Susa no Wo no Mikoto vom Himmel
herab und gelangte an den Oberlauf des Flusses Hi im
Lande Idzumo. Da hörte er am Oberlauf des Flusses
eine laut weinende Stimme. Und als er deshalb nach
der Stimme forschend auf die Suche ging, fand er da-
selbst einen alten Mann und eine alte Frau. Zwischen
ihnen in der Mitte befand sich ein junges Mädchen,
welches sie liebkosten und beweinten. Susa no Wo no
Mikoto fragte sie und sprach: 'Wer seid ihr und warum weint ihr so?' (Der Alte) antwortete und sprach:
'Ich bin eine irdische Gottheit und heiße Ashi-nadzu-
chi. Meine Frau heißt Te-nadzu-chi. Dieses junge
Mädchen ist unser Kind und heißt Kushi-nada-hime.
Der Grund. warum wir weinen ist, dass wir früher acht
Töchter hatten, von denen in jedem Jahr (eine) von
einer achtgabligen Riesenschlange verschlungen worden ist. Und jetzt ist die Zeit, wo auch dieses junge
Mädchen verschlungen werden wird. Es gibt keine
Möglichkeit zu entfliehen und darum sind wir voll
Kummer.' Susa no Wo no Mikoto sprach: 'Wenn dies
so ist. willst du mir deine Tochter geben?' Er ant-
wortete und sprach: 'Eurem Befehle gehorsam will ich
sie euch geben.' Daher verwandelte Susa no Wo no*

Mikoto die Kushi-nada-hime auf der Stelle in einen „vielengzähnigen" Kamm und steckte denselben in seinen erlauchten Haarschopf. Dann ließ er Ashi-nadzu-chi und Te-nadzu-chi achtmalgebrauten Sake brauen, errichtete acht erhöhte Gestelle nebeneinander, stellte auf jedes derselben ein mit Sake angefülltes Gefäß und wartete. Als der Zeitpunkt gekommen war, kam die Riesenschlange wirklich zum Vorschein. Sowohl Kopf als Schwanz waren achtgablig, die Augen rot wie Blasenkirschen. und Kiefern und Kaya wuchsen auf ihrem Rücken. Wie sie daher kroch reichte sie über acht Hügel und acht Täler. Als sie nun herangekommen war und den Sake gefunden hatte, trank sie mit jedem Kopfe aus je einem Gefäße, wurde betrunken und schlief ein. Da zog Susa no Wo no Mikoto das von ihm umgegürtet getragene zehnspannige Schwert heraus und hieb die Schlange in kleine Stücke. Wie er zum Schwanz kam, bekam die Schneide seines Schwertes eine kleine Scharte; und als er daher den Schwanz auseinanderspaltete und nachsah. kam darinnen ein Schwert zum Vorschein. Dieses ist das sogenannte Kusa-nagi no tsu¬rugi (Grasmähe-Schwert)."

Die Analyse: Auf den ersten Blick scheint die Sache ganz klar: Der Fluss Hi, als achtköpfiger Drache verschlüsselt, tritt (vermutlich im Frühjahr zur Schneeschmelze) über die Ufer und reißt alles mit sich, was ihm im Wege steht, Bäume, Steine und nicht zuletzt natürlich ganze möglicherweise fruchtbare Landstriche (Töchter der Erdgottheiten), die die Lebensgrundlage der Menschen bedeuten. Durch eine entsprechende Kanalisation, durch Terrassenbau (in Zusammenhang mit Reisanbau) haben die Menschen letztendlich aber gelernt, die Naturgewalt Fluss nicht nur zu bändigen, sondern sich sogar nutzbar zu machen. So weit so gut. Letztendlich aber bleiben zwei Fragen:

l) was hat es mit dem Schwert im Schwanz des Drachen auf sich und
2) warum wird eine solche - eigentlich simple - Geschichte mythologisch verklärt bzw. codiert?

Der geschichtliche Hintergrund

Also müssen wir ein wenig tiefer graben und uns zunächst einmal die Ereignisse anschauen, die, archäologisch belegt, der Legende - auch im zeitlichen Zusammenhang - zugrunde liegen könnten.

Der zeitliche Zusammenhang: Zunächst einmal ist festzuhalten, dass die nebenstehend beschriebene Legende aus der offiziellen Chronik Japans stammt, die etwa im 8. Jahrhundert n. Chr. geschrieben (aber natürlich auf ältere Quellen zurückgreifend) vor allem dazu dienen sollte, die göttliche Abkunft und damit den Herrschaftsanspruch der japanischen Kaiser zu belegen und einen chronologischen Stammbaum des Kaiserhauses von Urzeiten an zu entwickeln. Dazu bediente man sich zahlreicher Kunstgriffe, auf die hier nicht näher eingegangen werden kann. Offiziell wird der Beginn der Kaiserlichen Linie (und damit des japanischen Staates) in der Chronik Nihongi (was nichts anderes als Japan bedeutet) auf das Jahr 667 v.Chr. festgelegt. Die diesem Beginn tatsächlich zugrundeliegenden Ereignisse sind jedoch historisch auf das zweite nachchristliche Jahrhundert zu datieren, wie chinesische und koreanische Quellen nachweisen. Da die Schrift in Japan erst um ca. 600n.Chr. eingeführt wurde, gibt es keine zeitgenössischen japanischen Quellen.

Nun ist das Bezwingen des achtköpfigen Drachen aber keine "kaiserliche" Tat, sondern eine Tat aus dem Zeitalter der Götter. Auch wenn die japanischen Kaiser selbst als Götter beziehungsweise gottgleich gelten, wird in der Chronologie doch sorgfältig zwischen dem Zeitalter der Götter und dem darauf folgenden Zeitalter der Kaiser unterschieden. Das der Legende zugrunde liegende Ereignis muss also im oder vor dem 2. Jahrhundert stattgefunden haben und so eindrucksvoll gewesen sein, dass zu seinem Begreifen eine Modellbildung notwendig gewesen war.

Von der Steinzeit in die Eisenzeit

Seit Jahrtausenden war Japan ein Land, das von verschiedensten Kulturen besiedelt wurde. Niemand weiß genaues, aber archäologische Funde und anthropologische Untersuchungen zeigen, dass Einwanderungen aus Sibirien, aus Malaysia bzw. Nordasien stattgefunden hatten. Über viele Jahrhunderte waren die japanischen Inseln ein relativ abgeschottetes Gebiet, in dem sich nur verhältnismäßig einfach organisierte steinzeitliche Kulturstufen entwickelten und konservierten.

Im zweiten und ersten vorchristlichen Jahrhundert überquerten schließlich große Scharen mongolischer Einwanderer die Koreastraße und versetzten den ja-

panischen Vorbewohnern einen gewaltigen Kulturschock. Historisch gesehen wurde das steinzeitliche
Land von einem Tag auf den anderen in die Eisenzeit
geworfen. Es gab keine signifikanten Übergänge in
Form von Kupfer- und Bronzezeit. Die ursprünglich
ansässigen steinzeitlichen Sammler und Jäger wurden
durch die Einwanderer abrupt mit hochentwickeltem
Ackerbau (Reisanbau, Terrassen etc.) und Eisen-
zeittechnologie konfrontiert - ein Vorgang, der mit
dem Verständnis einer Steinzeitkultur nicht zu erklären war und förmlich nach mythologischer Kodierung
beziehungsweise Modellbildung schrie.

Das mythologische Modell

Betrachtet man die Legende vor dem oben beschriebenen Hintergrund, beantworten sich nicht nur die
beiden gestellten Fragen, sondern enthüllt sich auch
die tiefere Bedeutung des Modells. Klar ist, dass (man
kennt dies auch aus anderen geschichtlichen Ereignissen, z.B. die spanische Eroberung des Inkareiches etc.)
die kulturell und technologisch weit überlegenen
mongolischen Einwanderer (damit ist übrigens eine
anthropologische Klassifizierung gemeint, hinsichtlich
der Nationalitäten hatte es sich vor allem um Kore-
aner und Chinesen gehandelt) durch den auf die Erde
hinabgestiegenen Gott Sosa no wo no Mikoto symbo-
lisiert werden. Dieser respektive diese Einwanderer
hatten also den Reisanbau mitgebracht und dadurch
gleichzeitig den Fluss (bzw. die Flüsse) bezwungen.

Fassen wir also zusammen: Ein Gott kam auf die Erde,
hat einen Drachen (in Form des unberechenbaren

Flusses) bezwungen und sich mit der Erde vermählt, hat sich also - ein für Jäger und Sammler natürlich ebenfalls erklärungsbedürftiger Vorgang – angesiedelt, Samen in die Erde gegeben und Lebensmittel (Reis) aus dem Schoß der Erde erhalten.

Der Gott, der auf die Erde kam hat aber noch ein wieteres getan, er hat ein Schwert aus dem Schwanz des Drachen geholt und zwar ein Eisernes! Anders ausgedrückt, die Einwanderer hatten die Eisenoxidausschwemmungen, wie sie an Flussquellen und ¬oberläufen oft vorkommen, zur Herstellung eiserner (göttlicher) Werkzeuge und Waffen genutzt. Für die ersten eisenzeitlichen Kulturen war das Eisenoxid der Flüsse ebenso wie Rasenerz eine durchaus wichtige weil (im Gegensatz zu Eisenerz) leicht zugängliche Rohstoffquelle.

Die Bedeutung des Modells

Betrachtet man die historischen Vorgänge auf der einen Seite und die Legende auf der anderen, so wird ein verständliches Modell für die Ereignisse sichtbar, die für die damalige Urbevölkerung anders überhaupt nicht erklärbar gewesen wären. Mit dem Modell aber konnte man die Vorgänge auf der Basis der eigenen naturreligiösen Vorstellungswelt eben nicht nur zufriedenstellend erfassen, sondern sogar praktisch bewältigen. Denn das Resultat dieses Modells ist ja beispielsweise die Kanalisierung, der Terrassenbau und der Reisanbau und zwar in der richtigen Form und zur richtigen Zeit. Man weiß ja, wie der Drache reagiert. Die Legende zeigt aber auch etwas anderes. Für einfache Vorgänge bedarf es einer mythologischen

Codierung bzw. Modellbildung nicht. Die vordergrün-
dige Interpretation am Anfang dieser Ausführungen
hat dies belegt. Es genügt für eine Bewertung von Mythologien also nicht eine simple Symbolübersetzung -
wie sie so oft gerne vorgenommen wird - sondern es
ist ein tieferes Verständnis von Gesamtzusammenhängen wichtig. Die hier vorgestellte Legende ist stell-
vertretend für die meisten anderen Legenden in aller
Welt, die es sonst noch gibt. Und je älter der Ursprung
dieser Mythen, desto komplexer sind die Hintergründe. Für die Legende des achtköpfigen Drachen
gilt, dass sie gravierende Veränderungen - im Grunde
sogar Revolutionen- im gesellschaftlichen, im kulturellen, im ökologischen und im technologischen Bereich
gleichzeitig erklären muss und für die damaligen Menschen sicherlich auch zufriedenstellend und handhab-
bar erklärt hat.

Die Kulturrevolution

Wenn wir die bisherigen Erläuterungen betrachten,
dann haben wir uns vor allem mit der Technologie
auseinandergesetzt. Die kulturellen und sozialen Veränderungen, die die Einwanderer mit sich gebracht
hatten waren aber nicht minder gravierend. Gehen
wir noch einmal zurück in die „vorzivilisatorische"
Zeit. Von ca. 12000 bis 300 v.u.Z. entfaltete sich auf
den japanischen Inseln die sogenannte Jomon- Kultur,
eine steinzeitliche Gesellschaft von Jägern, Sammlern
und Fischern, die seit der späten Jomon-Zeit auch
Ackerbau betrieben hatten. Man darf annehmen, dass
es sich hier um eine sogenannte klassenlose Gesellschaft mit einer besonderen Stellung der Frau

gehandelt hatte, denn die archäologischen Ausgrabungen belegen keine Paläste, sondern durchweg Ansammlungen von Wohngruben gleicher Größe. Die besondere Stellung der Frau ergibt sich in den alten Gesellschaften aus der Naturreligion, dem Animismus, bei der alle Natur als belebt, beseelt gilt und die natürliche Schöpferkraft weiblich ist. Diese Gesellschaften zeichneten sich dadurch aus, dass die Frauen, insbesondere die Frauen als Mütter in biologischer und ökonomischer Hinsicht als Autoritäten galten.

Mit der Einführung der neuen landwirtschaftlichen Technik des Reisanbaus (ca. 300 v.u.Z.) und die Verwendung von Eisen (ca. 1. Jh.) trat eine neue kulturelle Epoche hervor, die sogenannte Yayoi-Zeit. Man darf annehmen, dass einerseits weiterhin noch das „Mutterrecht" existierte, dass andererseits aber die Siedlungsdichte und damit die gesellschaftliche Organisation zunahmen. Waren es zum Ende der Jomon-Zeit noch etwas mehr als ein Dutzend Wohngruben, die eine Siedlung darstellten, so fanden die Archäologen im urzeitlichen Siedlungsgebiet Kugahara, heute ein Teil Tokyos, bereits mehr als tausend Wohngruben aus der Yayoi-Zeit. Die nun hauptsächlich vom Reisanbau bestimmte Landwirtschaft war zumindest anfangs noch Domäne der Frau. So heißt es im ersten Buch des Kojiki über den Ursprung der fünf Getreidearten, aus dem Körper der ermordeten Ogetsu-hine, der Göttin der Nahrung, seien Seidenraupen, rote Hirse, rote Bohnen, Weizen, Reiskörner und Sojabohnen gewachsen. Die landwirtschaftliche Produktivität stieg, die Gemeinwesen wuchsen ebenso wie das Mehrprodukt, Reichtum konnte sich entwickeln und natürlich Begehrlichkeiten. Es kam wie überall auf der Welt zu kriegerischen Auseinandersetzungen zwischen den Siedlungen, zu Bündnissen und Eroberungen, bis im 2. Jahrhundert zunächst kleinere, territorial geschlossene Staatengebilde entstanden: im zentraljapanischen Yamato und im Norden der Insel Kyushu.

Yamato war schließlich das Staatenbündnis, das die politische Einigung Japans durchsetzte. Yamato ist das Land, in das der göttliche Vorfahr des Kaisers niederfuhr, Yamato ist das Land, von dem die offizielle japanische Chronik vor allem berichtet. Yamato ist das Land der männlichen Götter und Herrscher bzw. der koreanisch-chinesischen Einwanderer, die dem Land den bereits angedeuteten Technologie- und Kulturschock versetzt hatten.

Kampf der Gesellschaftssysteme

Schauen wir uns die Geschichte vom Drachenkampf noch einmal an: Da kommt der Gott Susa no vom Himmel herab und verlangt die Tochter der Erdgottheiten zur Frau. Der Vater gibt sie dem Gott ohne die Mutter oder die Tochter überhaupt zu fragen, unvorstellbar in einer matriarchal geprägten Gesellschaft. Und es scheint sicher, dass die Geschichte zur Zeit der Yayoi-Kultur gespielt hat, dass die Einwanderer zumindest in den von ihnen kontrollierten Gebieten – also in Yamato - das Patriarchat durchgesetzt haben.

Das zumindest noch teilweise matriarchale Gegenmodell übrigens befand sich in Yamatai, einem Gebiet auf der Insel Kyushu mit Himiko als Königin über Dutzende kleiner Staatsgebilde. Himiko wird in der japanischen Chronologie nicht erwähnt, wir wissen von ihr vor allem aus chinesischen Berichten des 3. Jahrhunderts. Die offizielle japanische Chronik stellt für das 3. Jahrhundert die Vorherrschaft des Staates Yamato und des von der Sonnengöttin Amaterasu abstammenden japanischen Kaisers fest. Aber auch Himiko stammt von der Sonnengöttin ab. Und es ist anzunehmen, dass es bei dem Kampf um die Vorherrschaft auf den japanischen Inseln auch um einen Kampf der Gesellschaftssysteme ging. Denn so eindeutig wie es auf den ersten Blick erscheint ist die Vorherrschaft der Yamato und des Patriarchats zunächst gar nicht.

Die mächtigen Frauen der japanischen Inseln

In der japanischen Chronik wird sogar noch für das 4. und 5. Jahrhundert die Auseinandersetzung der Yamato-Kaiser mit den rebellischen Kumasu auf Kyushu beschrieben. Wobei die Kumasu offensichtlich kulturell anders geartet waren als die sich als Japaner verstehenden Yamato und wahrscheinlich mit dem Yamatai der Himiko identisch waren. Und schließlich taucht in den japanischen Chroniken eine wohl eher legendäre Kaiserwitwe Jingu Kogo auf, die die Staatsgeschäfte führend, sogar koreanische Reiche unterwirft. Man nimmt an, dass Jingu Kogo eine in das Yamato-Japan intergierte Form der Himiko sein könnte. Wie dem auch sei, die weibliche Abstammung lässt sich selbst in den offiziellen japanischen Chroniken, die aus einem tiefen patriarchalischen Bewusstsein der Führungselite heraus geschrieben wurden, nicht leugnen, ist sogar existenziell für die Legitimation des männlichen Kaisertums. Die weibliche Abstammung wird zum einen durch die Ahnherrin Amaterasu, zum anderen durch die Abkunft von Drachen/Schlangen (ein später vermännlichtes Symbol der weiblichen Schöpfergottheiten) dokumentiert. So nannte sich der spätere Kaiser Temmu, solange er noch im Kampf mit dem Prinzen Ohotomo um den Thron stand, „verborgener Drache" und „wiederholter Donner". Beides sind Bezeichnungen für den Kronprinzen. Derselbe Temmu führte seine eigene Abstammung zurück auf einen himmlischen Gott und eine Tochter des Meeresgottes (Meerdrachenkönig). Sein Vater Jimmu war bereits Sohn einer Meergott-Tochter, welche ihn gebar, indem sie sich in ein Seeungetüm (Wani) oder eine Drachin (Tatsu) verwandelte. Darum wurde von Jimmus Nachfolgern auch erzählt, dass sie Drachenschwänze besaßen. Tatsu ist übrigens ein eigenständiger japanischer Begriff für den Drachen, ein Beleg dafür, dass es bereits vor dem chinesisch-koreanischen Einfluss eine wie auch immer geartete Vorstellung vom Drachen auf den japanischen Inseln gab.

Zusammenfassung

Im Laufe des ersten und zweiten Jahrhunderts findet auf den Inseln des steinzeitlichen, matriarchal orientierten und animistischen Japan eine Einwanderung koreanisch-chinesischer Gruppen statt. Der Einfluss dieser Gruppen führt zur Yayoi-Kultur mit der Kultivierung des Landes durch Reisanbau und Einführung der Eisentechnologie. Gleichzeitig wird die japanische Vorbevölkerung mit dem Gesellschaftsprinzip des

Patriarchats konfrontiert, das sich am Ende nach langwierigen Prozessen in Form des Yamato-Staates etabliert. Dieser Prozess wird schließlich im 8. Jahrhundert in Form von zwei offiziellen (also staatstragenden) Chroniken dem Kojiki und dem Nihongi zusammengefasst, wobei zum einen das etablierte patriarchale System als „naturgegeben" und von Beginn an existent vorausgesetzt und zum anderen die animistische Religion der Vorbevölkerung in Form des Shintoismus als „Staatsreligion" in das System integriert wurde.

Vier zentrale Aspekte ziehen sich in unserem Zusammenhang durch die offizielle japanische Chronologie:

- die matrilinieare Abstammung der Kaiser
- die Drachenabkunft der Herrscherfamilien
- der Shintoismus
- die Drachen als Verkörperung der Naturgewalten.

Alle vier Aspekte weisen auf die alte, steinzeitliche Gesellschaftsordnung und Religion hin, die ganz offensichtlich in die neue, patriarchalische Gesellschaftsordnung integriert worden ist. Der immer präsente Drache deutet zwar auf die alten weiblichen Naturgottheiten hin, ist aber überwiegend männlich geworden. Der Konflikt zwischen den Gesellschaftsordnungen wird nicht, wie im vorderen Orient und in anderen Kulturen durch die berühmten Drachentötungen und Neuerschaffungen der Welt gelöst, sondern durch Adaption. Er wird nicht aufgelöst, sondern ausgehalten, er wird nicht bewältigt, sondern eher verdrängt. Er wird nicht in Gut und Böse differenziert, sondern zusammengeformt. So sind die japanischen

Drachen (dies gilt wohl für alle ostasiatischen Drachen) weder gut noch schlecht. Mit den Drachen und damit mit der matriarchalen und animistischen Tradition wird letztendlich sehr pragmatisch umgegangen. Man hat sich einerseits auf eine patriarchalische Ordnung verständigt, akzeptiert aber andererseits die Existenz der belebten und beseelten Natur. Man akzeptiert die Macht der Frauen und praktiziert die Herrschaft der Männer. Bis ins Jahr 646 trugen die Kinder stets den Namen der Mutter und noch im 11. Jahrhundert existierte die sogenannte Besuchsehe, bei der der Mann schließlich in die Sippe der Frau einheiratete. Es war ein langer Prozess zur vollständigen Etablierung des Patriarchats in der japanischen Gesellschaft, auch, wenn seit dem erwähnten Jahr 646 durch Kaiserliche Erlasse und Gesetze die Unterordnung der Frau unter den Mann (nach dem konfuzianischen Leitsatz „Die Frau möge auf ihren Mann schauen, als wäre er der Himmel") formal festgeschrieben worden war.

Der Charakter japanischer Drachen

Drachen/Schlangen sind auch in Japan Repräsentanten von Natur. Sie sind für Regen und Stürme verantwortlich, sie sind Götter von Flüssen, Seen und anderen Gewässern, sie repräsentieren Wolken und Berge.
Wenn allerdings hier von Göttern die Rede ist, so sind in diesem Zusammenhang Kami gemeint. Die alte schintoistische Religion aus der heraus die japanischen Drachen offensichtlich entstanden sind, ist eine Naturreligion. Kami sind vor diesem Hintergrund eher

der Geist, die Seele, das Heilige, das Wesen der Flüsse, Berge etc. und keine Götter in unserem Sinne.

In vielen japanischen Drachengeschichten, -mythen, -legenden und –märchen werden die Drachen als männlich bezeichnet. Das ist aber oft entweder auf einen Übersetzungs- einen Interpretationsfehler oder auf eine bewusste mythologische Vermännlichung zurückzuführen.

So ist beispielsweise Benten eine buddhistische Glücksgöttin mit weißem Schlangensymbol und zweifellos eine Nachfahrin eines schintoistischen Kami. Allerdings wird Benten in anderen Geschichten auch als Drachengott bezeichnet. Man darf schlussfolgern, dass die Zuordnung des männlichen Geschlechts bei den Drachen eine bewusste, ideologische Maßnahme späterer Zeiten ist, denn die Kami, also die Naturgottheiten und damit auch die Drachen waren weder männliche noch weibliche Götter, sondern jedem Teil der Natur innewohnende lebendige Kräfte, geistige Verkörperungen des offensichtlichen Materiellen .

Und als Naturkräfte waren sie - so darf man auch für Japan annehmen - weiblich. Nicht weiblichen Geschlechts, sondern weiblicher Natur (die Natur ist weiblich).

Es ist natürlich ebenso denkbar, dass die Bezeichnung des Drachen oder des Gottes als männlich letztendlich daraus resultiert, dass man bei der Übersetzung und Interpretation der Texte den Begriff Kami mit dem uns vertrauten Begriff Gott übersetzt, statt wenigstens die neutrale Bezeichnung Gottheit zu verwenden.

Und nicht zuletzt muss man bei der Betrachtung der japanischen Drachengeschichten ebenfalls beachten, dass Japan etwa seit dem 5. Jahrhundert buddhistischen und seit dem 15. Jahrhundert auch christlichen Einflüssen ausgesetzt war. Es ist also ebenfalls wichtig, die Datierung der jeweiligen Quellen und die jeweiligen externen Einflüsse mit in Betracht zu ziehen.

Grundsätzliches zur Mythologieforschung

Wie sich in diesem Buch immer wieder zeigt, bieten Mythologien als Grundlage kulturgeschichtlicher Forschung eine ganze Reihe sehr unterschiedlicher und aufschlussreicher Ansatzpunkte. Bei der Analyse und Interpretation der Quellen – das gilt natürlich für alle archäologischen, historischen und literarischen Quellen – müssen immer die folgenden drei Kernaspekte berücksichtigt werden. Schließlich geht es ja bei den Mythologien immer auch um Macht- und Herrschafts-interessen.

a) Die Zielsetzung und Absicht derer, die die Mythen letztendlich niedergeschrieben haben
b) Die Zeit der Niederschrift
c) Der Ursprung der Mythen

Gerade beim "Nihongi" -also bei der offiziellen japanischen Chronologie- werden diese verschiedenen Aspekte außerordentlich deutlich.
Die Zielsetzung und Absicht (und damit verbunden natürlich auch die Methode) derer, die die Mythen schriftlich festgehalten haben bilden im Grunde einen Forschungsgegenstand für sich. Die Beschäftigung mit diesem Aspekt gibt aber in erster Linie Aufschluss über die Ereignisse und Prozesse eben in der Zeit der Niederschrift und lässt oft wenig von den Ursprüngen und ihren Hintergründen erkennen. Trotzdem ist die Beschäftigung mit diesen Fragen oft deshalb notwendig (und für sich ohnehin interessant), weil man erst

dabei auf sonst verborgene Ansätze für den Ursprung stößt.

Die Zeit der Niederschrift als zweiter Aspekt hat insofern Bedeutung, als es hierbei um die Verwendung und Bedeutung von Begriffen geht, die in verschiedenen Zeiten und damit vor unterschiedlichen kulturellen und technologischen Hintergründen natürlich auch unterschiedlich gehandhabt werden.

Will man also den Ursprüngen, der gesellschaftlichen Bedeutung und den Intentionen der jeweiligen Mythologiebildung auf die Spur kommen, muss man auch die Begrifflichkeit der Zeit der Niederschrift kennen.

Vor der Beschäftigung mit dem Ursprung müssen also erst einmal historische Schichten (und Geschichten) abgetragen werden, eine wahrlich archäologische Feinarbeit. Und selbstverständlich reicht es - wie wir gesehen haben - nicht aus, sich nur an den Geschichten der Mythologie selbst zu orientieren, sondern es müssen auch archäologische, anthropologische, linguistische und diverse andere -gische und -istische Erkenntnisse mitbetrachtet und berücksichtigt werden. Insofern - der geneigte Leser möge mir dies verzeihen - sind natürlich auch meine "Analysen" oft nur ein erstes Schaben im historischen Schutt. Ich bin aber sicher, dass selbst dieses erste Schaben eindrucksvoll genug ist, um zu verstehen, welch weites und spannendes Feld die kulturgeschichtliche Beschäftigung mit Mythen und Sagen ist.

Die japanische Chronik Nihongi, Entstehung und Funktion im Überblick

Das Kojiki, übersetzt etwa "Nachrichten von alten Ereignissen", wurde vom Schriftgelehrten am japanischen Hof O no Yasumaro nach dem Diktat des kaiserlichen Vertrauten Hiyeda no Are verfasst und dem Hofe im Jahre 712 vorgelegt. Es handelte sich um eine Auftragsarbeit des Kaisers Temmu (*631; + 686), die einerseits die Legitimation durch göttlichen Ursprung des Kaiserhauses gegenüber Volk und vor allem Adel begründen, andererseits die Position der japanischen Kaiser und ihres jungen Reichs gegenüber dem chinesischen Kaisertum zu stärken.

Historisch gesehen hatte sich das japanische Kaisertum unter der Führung der Yamato-Clans unter kulturellem Einfluss Chinas etwa im 5. Jahrhundert aus dem Yamato-Staat entwickelt, war also gegenüber der altehrwürdigen Vergangenheit der Chinesischen Kaiser nahezu unbedeutend. Immerhin kann die Gründung des chinesischen Reiches unter dem legendären ersten Kaiser Qín Shihuángdì, dem "Ersten erhabenen Gottkaiser von Quin" auf das Jahr 221 vor unserer Zeitrechnung - dem Ende der Zeit der streitenden Reiche - festgemacht werden. In Jener Zeit dürften noch nicht einmal die Vorfahren des japanischen Kaiserhauses die japanische Insel erreicht haben.

Im 5. Jahrhundert etwa kam dann auch mit dem Chinsischen die erste Schrift nach Japan, auf deren Basis die Nachrichten von alten Ereignissen und das 720 erschienene Nihongi, die (offiziellen) Chroniken von

Japan, von den frühesten Zeiten bis 697 verfasst wurden.

Beide Werke zusammen verleihen dem historisch gerade erst entstandenen japanischen Kaiserhaus eine mythologische Tradition, die bis in die Anfänge der Zeit zurückgehen und dem chinesischen Kaiserhaus damit ebenbürtig sind. Die japanischen Kaiser sind demnach direkte Nachfahren der Mondgöttin Amaterasu. Der Beginn der Amtszeit des ersten Kaiser nach dem Zeitalter der Götter, Kami-Yamato Ihare-Biko alias Jimmu Tenno wird von den japanischen Chronisten auf 660 vor unserer Zeitrechnung festgelegt. Damit darf sich das japanische Kaiserhaus rühmen, rund 450 Jahre länger im Amt zu sein, als seine chinesische Konkurrenz. Und im Gegensatz zu den wechselnden chinesischen Kaiserdynastien kann das japanische Kaiserhaus mythologisch und formal eine bis heute ungebrochene dynastische Tradition aufweisen.

Neben der ideologischen Funktion, die das Kojiki und die japanischen Chroniken innehaben, sind besonders die "Nachrichten von alten Ereignissen" eine einzigartige Grundlage für Studien zur japanischen Glaubenswelt, historischen Gesellschaftsstruturen und - im Original - auch der Entwicklung der japanischen Schrift und Sprache.

Monster der Antike

Wolfgang Schwerdt

Titanen, Drachen und Gorgonen

Die Ungeheuer der griechischen Mythologie

In der griechischen Mythologie müssen sich Götter und Helden immer wieder mit mächtigen Ungeheuern auseinandersetzen, deren Ursprung weit in die Vorgeschichte zurückreicht.

Die griechische Mythologie ist kein einheitliches Ganzes. Das, was uns heute beispielsweise als Schwabs schönste Sagen des klassischen Altertums entgegentritt, basiert letztendlich auf einer von Hesiod im 6. Jahrhundert vor unserer Zeit entwickelten komplexen Systematik (Theogonie) unterschiedlichster kultureller und weltanschaulicher Stadien der Bevölkerung des heutigen Griechenland.

Die verschiedenen Göttergenerationen, ihre gegenseitige Ablösung und spätere teilweise Reintegration in den hellenistischen Olymp lassen sich auf die verschiedenen Besiedlungs- und Einwanderungsphasen zurückführen. Die Entstehungsgeschichte der Welt und der Götter unterliegt auf dem Weg über die minoische Kultur sicherlich auch vorderasiatischem Einfluss.

Das Chaos

Am Anfang war das Chaos, eine ungeordnete Masse, oben und unten. Aus ihm wuchs die Göttin Gaia, die

Urmutter der Erde. Das Chaos unten gebar den dunklen Raum (Erebos), der später zur Unterwelt wurde. Aus dem Chaos oben gebar die göttliche Urmutter den Himmel (Uranos). Pontos und Tartaros waren ihre nächsten Söhne und – wie Uranos ebenfalls - Ehegatten der Gaia.

Kronos und Gaia

Aus der Verbindung der Mutter-Sohn-Ehen gingen zahlreiche weitere Götter hervor. Mit Uranos hatte sie neben anderen die Titanen, halb Mensch, halb schlangengestaltige Götter. Einer der Titanen, Kronos tötete seinen Vater und gründete eine neue Göttergeneration.

Gaia gebar von Pontos die Geschwister Kétos und Phórkys, aus deren Verbindung die geflügelten, schlangenhaarigen, mit Hauzähnen ausgestatteten Gorgonen und das Meeresungeheuer Skylla mit Hundeköpfen und Fischleib stammten. Kétos wird als Meeresungeheuer beschrieben und Phórkys ist ein greiser Meeresgott mit dem Beinamen Krataios (der Starke).

Drachenkampf

Die Ehe Gaias mit Tartaros führte zu Echidna, einem dämonischen Mischwesen aus Schlange und Frau (auch als große Meeresschlange bezeichnet) und den geflügelten Typhón mit 100 Drachenköpfen und Schlangenfüßen. Typhón wurde der Sage nach von Zeus besiegt und unter dem Ätna begraben. Als Pýton (hier ein weiblicher Drache und damit wahrscheinlich die mythologisch ältere Version) hat Typhón das der Gaia geweihte Orakel in Delphi bewacht, bis er von Apollon, einem Sohn des Zeus, also der jüngsten indoeuropäischen Göttergeneration getötet wurde.

Ládon, Hydra und Sphinx

Typhón und Echidna produzierten ihrerseits wiederum eine neue Generation von Ungeheuern:

Ládon, Schlangendrache mit 100 Köpfen, Bewacher des Baumes mit den goldenen Äpfeln.
Die Chimäre, ein feuerspeiendes Ungeheuer mit dem Kopf eines Löwen, dem Leib einer Ziege und dem Schwanz eines Drachen.
Die Hydra, eine neunköpfige Wasserschlange mit giftigem Atem.
Die Sphinx, ein dämonisches Mischwesen mit dem Kopf und der Brust einer Frau und mit geflügeltem Löwenleib.
Kerberos, mehrköpfiger Hund, Bewacher des Tores zur Unterwelt, mit Schlangenschwanz und Schlangenkopf auf dem Rücken.

Naturgottheiten der vorgriechischen Bevölkerung

Bei den hier vorgestellten Ungeheuern bzw. Mischwesen/Drachen handelt es sich um ursprüngliche Naturgottheiten der vorgriechischen Bevölkerung. Mit der Entstehung der hierarchisch geordneten griechischen Stadtstaaten bildete sich die sogenannte homerische Religion heraus. In dieser Adelsreligion hatten die Götter menschliche Gestalt angenommen. Der indoeuropäische Zeus war jetzt, nachdem er Kronos gestürzt und die Titanen besiegt hatte, der mächtigste Gott. Und ähnlich wie in den vorderasiatischen Mythologien schuf und ordnete er die Welt neu. Die alten großen Göttinnen wurden in gezähmter Form in den Götterhimmel integriert, die Athene, eine kultur-geschichtlich wesentlich ältere Göttin als Zeus, wurde aus dem Schädel des Zeus geboren und nach und nach wurden auch die Kinder der immer noch mächtigen Gaia mythologisch ins Abseits gestellt.

Der Untergang der alten Götter

Typhón wurde von Zeus besiegt und unter dem Ätna begraben, wo er noch heute wütend Feuer und Lava spuckt. Als Python, der weiblichen Personifikation des Glaubens an die große schöpferische Urmutter, wur-de er noch einmal von Apollon getötet.
Herakles, der die Olympier beim Aufstand der Titanen unterstützt hatte, tötete im Rahmen seiner 12 Auf-gaben am Hofe des Königs Eurystheus, Ladon und die Hydra und entführte zudem den Kérberos zumindest zeitweise aus dem Hades. Der Held Berllerophontes tötete die Chimära, die Sphinx wurde von Ödipus ver-trieben und die Gorgone Medusa wurde von Perseus getötet.

Durchdringung verschiedener Kulturen

Wenn in Rahmen dieses Aufsatzes eine relativ klare Linie der Ablösung der Göttergenerationen und der Kulturfolge gezeichnet wird, dann ist dies natürlich stark vereinfacht. Wie vielfältig die gegenseitige

Durchdringung verschiedener Kulturen und Weltansichten in Griechenland eigentlich war, zeigt allein die Tatsache, dass es wenigstens drei Varianten der Typhon-Sage, sechs Varianten der Phyton-Sage und zwei Varianten der Hydra-Geschichte gibt. Auch die Machtübernahme durch Kronos und viele andere Ereignisse, die Hesoid so wohl geordnet und systematisiert hat, sind aus vielen verschiedenen mythologischen Quellen gespeist und in verschiedenen Versionen überliefert.

Literaturhinweis: Wolfgang Schwerdt: Andre Zeiten, andre Drachen. Eine Kulturgeschichte der Drachen. 2010 Vergangenheitsverlag Berlin.

Kadmos und der Drache

Kadmos, so sagt die Legende, war ein Sohn des phönizischen Königs Agenor, ein Bruder der Europa. Als Zeus Europa entführt hatte, sandte ihr Vater seine Söhne aus, um sie zu suchen. Aber sie konnten ihre Schwester nicht finden.

Kadmos traute sich ob seines Misserfolges nicht mehr nach Hause und wandte sich stattdessen an das Orakel Phöbos-Apollons, um zu erfahren, welches Land er zukünftig bewohnen solle.

Die Antwort: "Du wirst ein Rind auf einsamen Auen treffen, das noch kein Joch geduldet hat. Von diesem sollst Du Dich leiten lassen und an dem Platz, wo es im Grase ruhen wird, erbaue Mauern und nenne die Stadt Theben."

Kadmos folgte dem Orakel, fand eine ungezähmte Kuh und ging ihr so lange nach, bis sie sich schließlich niederließ. Daraufhin schickte Kadmos seine Begleiter aus, um frisches Quellwasser für ein Trankopfer zu holen. Aber sie kehrten nicht zurück.

Als Kadmos nachsah, wo denn seine Begleiter geblieben waren, entdeckte er in einer Kluft, reich an frischem Quellwasser, eine Höhle, in der ein schrecklicher Drache hauste. Und er entdeckte auch seine verstümmelten Begleiter.

Wie es Heroen so an sich haben, wollte er seine Gefährten rächen oder ebenfalls sterben. Es entwickelte sich ein schrecklicher Kampf. Der Drache spie giftigen Geifer und Kadmos seinerseits warf einen riesigen Felsen, der Mauern und Türme erschüttert hätte, nicht aber den ehernen Leib des Drachen.

Schließlich griff der Held zu seinem Wurfspieß und bohrte ihn tief in den Körper des Untieres. Aber der Drache war nur leicht verwundet und tobte nunmehr umso stärker. Erst nachdem es Kadmos gelungen war, den Schlund des Drachen mit seinem Schwert zu durchbohren, war der wütende Kampf bald beendet. Der Drachen rodete zwar in seinem Todeskampf noch einige Hektar Wald, hauchte aber schließlich doch sein Leben aus.

Auf Befehl der Göttin Pallas-Athene öffnete Kadmos mit dem Pflug eine breite Furche im Boden und säte hier die Zähne des Drachen aus.

Kaum war dies geschehen, da wuchsen aus der Erde zahllose eherne Krieger, die sofort begannen, sich gegenseitig niederzumetzeln, bis nur noch fünf von ihnen übrigblieben.

Auf Aufforderung eines der Krieger hatte sich Kadmos aus der Prügelei herausgehalten und wurde nun, nachdem die verbliebenen fünf - wiederum auf Anordnung der Göttin Pallas-Athene - ihre Waffen niedergelegt hatten, zum Anführer der erdentsprungenen Krieger. Mit ihnen errichtete Kadmos die Stadt Theben.

Die geschichtlichen Hintergründe der Kadmossage

Eigentlich muss die Sage von Kadmos und der Gründung Thebens in Zusammenhang mit den vorausgehenden und folgenden Geschichten des göttlichen und heroischen Zeitalters betrachtet werden. Und ich kann auch nur jedem empfehlen, dies einmal zu tun und sich parallel dazu mit dem zu befassen, was man inzwischen über die griechische Frühgeschichte alles weiß. Ich werde mich in diesem Rahmen auf die Aspekte konzentrieren, die einen Bezug zur Kadmos-Sage haben und damit natürlich nur einen groben Ausschnitt aus den Gesamtzusammenhängen anbieten können.

Zunächst einmal bezieht sich sowohl der Sagenkreis, in dem sich Kadmos bewegt, als auch die Gründung Thebens (zumindest als Machtzentrum) auf das mykenische Zeitalter, also die späte Bronzezeit Griechenlands, auch späthelladische Epoche genannt. In Jahreszahlen ausgedrückt ist das der Zeitraum von ca. 1600 bis ca. 1300 vor unserer Zeitrechnung.

Seit ca. 2000 v.Chr. drangen in mehreren Wellen indoeuropäische Volksgruppen vom Dnjepr, entlang der Donau über die Gegend um das heutige Belgrad in Griechenland ein. Namen wie Ionier, Arkader und Äolier sind ja allgemein bekannt. Sie nisteten sich meist friedlich, in den Siedlungen der Urbevölkerung ein, denn die ansässigen Bauern waren den kleinen Hirtensippen sowohl zahlenmäßig als auch kulturell überlegen.

Scheinbar plötzlich, etwa ab Mitte des 16. Jahrhunderts v. Chr., mit der Einwanderung einer kleinen Kriegergruppe (der späteren Achäer) wohl aus der Schwarzmeerregion kommend, wurde aus der kleinen unbedeutenden Burg Mykene ein bedeutendes und reiches Machtzentrum, das dem ganzen Kulturkreis heute seinen Namen gibt und etwa im 14. Jahrhundert mit den eindrucksvollen zyklopischen Mauern zu einer gewaltigen Festung ausgebaut wurde. Weitere Macht- und Palastzentren entstanden, als Namen seien hier nur Tiryns, Pylos, Midea und Athen genannt.

Theben, eines der wichtigsten dieser Zentren, - und damit sind wir wieder bei Kadmos und dem Drachen - wurde im 14. Jahrhundert v.Chr. als großer Palast gegründet.

Interessant ist, dass die in dieser Zeit nachweisbare Entwicklung von einer Bauernkultur zu einer Kriegs- und Handelskultur ganz offensichtlich nicht von einer neu eingewanderten Bevölkerung, sondern durchaus von den ursprünglichen Einwohnern unter der Führung der achäischen Einwanderergruppe getragen wurde.

In die Zeit der Palast- und Burgengründungen fällt ein umfangreicher soziokultureller Wandel. So wurden die Palast- und Befestigungsanlagen nicht mehr wie vorher üblich an das Gelände angepasst, also eher zufällig entwickelt, sondern nach einem spezifischen Planungskonzept errichtet. Das Bronzehandwerk begann eine griechische Eigenständigkeit zu entwickeln und sich neben der verbesserten Qualität auch in ihrer Formgebung und Verbreitung weiter zu entwickeln. In der Spätphase der mykenischen Zeit ist eine Verbreitung von Metallgegenständen über weite Bevölkerungsschichten feststellbar, während diese in den Anfängen als Kostbarkeiten der Führungselite (also unseren Heroen) vorbehalten waren. Im Mykenischen Zeitalter übrigens breitete sich das Bronzehandwerk über ganz Europa, bis in den Norden aus.

Zum Abschluss des historischen Streifzuges soll nicht unerwähnt bleiben, dass Theben um die Mitte des 13. Jahrhunderts (ebenso wie die anderen großen Machtzentren) zerstört worden ist.

Die mythologische Transformation

Was hat nun die Sage von Kadmos und dem Drachen mit der Realität gemeinsam?

Wenn man betrachtet, dass Sagen mündliche Überlieferungen kollektiver Erinnerungen aus schriftlosen Zeiten sind, so scheint es durchaus, als sei in der Kadmossage der Beginn des mykenischen Zeitalters wiedergegeben, das so gravierende Umwälzungen für die Menschen bedeutete, dass es im Grunde nur als Naturereignis begriffen werden konnte.

Da kommen eines Tages kleine Gruppen von Hirtenkriegern (Kadmos mit zwei! Begleitern), ihren Herden (der Kuh hinterher) folgend von außerhalb (es muss ja nicht Phönizien sein, Phönizien kann auch ein Synonym für "weit weg, fremd" sein) in die bäuerliche Idylle und gedenkt sich angesichts des schönen Wiedelandes und des frischen Wassers einfach niederzulassen.

Die Bauern dürften sich heftig gewehrt haben (Drachen), am Ende aber trotz zahlenmäßiger Übermacht der kriegerischen Erfahrung und der überlegenen Metalltechnologie unterlegen sein (Die Art der in der Legende beschriebenen Schwertführung lässt durchaus darauf schließen, dass Kadmos anstelle der frühbronzezeitlichen reinen Hiebwaffen ein modernes spätbronzezeitliches Hieb- und Stichschwert geführt hat).

In das entstandene Machtvakuum dürften andere Kriegergruppen (Drachenzähne) von Außerhalb nachgerückt sein, die sich gegenseitig so lange die Köpfe einschlugen, bis die Machtfrage geklärt war. Kadmos dürfte in diesem Zusammenhang weniger eine historische Person, sondern vielmehr eine neue Elite politisch-taktischen Geschicks symbolisieren, das besonders in hierarchischen Kriegerkulturen zu finden ist (denn Kadmos hat sich wohlweislich so lange herausgehalten, bis sich seine Gegner selbst dezimiert hatten).

Nun kann Kadmos - oder der neue Herrschertypus - mit dem planmäßigen Aufbau von Theben, seiner Herrschaftsresidenz beginnen. Es ist übrigens nicht anzunehmen, dass es zuvor an dieser Stelle keine Siedlung gegeben hätte. Theben dürfte ebenso wie Mykene und die anderen Machtzentren über bäuerlichen Dörfern oder Befestigungen errichtet worden sein.

Eines ist übrigens ebenfalls interessant: Der Fremde wird nach der Dokumentation seiner Überlegenheit und Tatkraft außerordentlich schnell akzeptiert. Immerhin - dies belegt die Kadmossage auch - hatten die kriegerischen Einwanderer und neuen Führungseliten ja die gleichen (oder wenigstens sehr ähnliche) indoeuropäischen Götter wie die bereits ansässige Bevölkerung. Man hat sich schnell arrangiert und dem "Fremdling" die Abstammung von den eigenen Göttern attestiert.

Betrachtet man die Kadmoslegende in Zusammenhang mit dem gesamten Sagenkreis, so scheinen sich darin tatsächlich die kulturellen und gesellschaftlichen Prozesse des gesamten mykenischen Zeitalters von seiner Entstehung bis zu seinem Ende wiederzuspiegeln.

Eine allzu wörtliche Übersetzung dieser Sagen ist jedoch - wie immer - überhaupt nicht angesagt, denn die "Schönsten Sagen des klassischen Altertums" sind

ja erst spät, als das mykenische Zeitalter längst vor-
über war und ganz andere gesellschaftliche Strukturen existierten, aufgeschrieben und mehrfach übersetzt und abgeschrieben worden.

Wolfgang Schwerdt

Mythen, Macht und Monster im Wandel der Zeiten

„Sphinx, Amazone, Mänade – bedrohliche Frauenbilder"

Mit bedrohlichen Frauenbildern im antiken Mythos setzen sich Lambert Schneider und Martina Seifert in ihrem Buch „Sphinx, Amazone, Mänade" auseinander.

Es liegt in der Natur ihres professionellen Hintergrundes, dass die beiden Dozenten für Klassische Archäologie die Antike ganz traditionell vor allem auf das klassische Griechenland und hier vor allem auf Athen eingrenzen. Und so begegnen dem Leser neben den Sphingen, Amazonen und Mänaden auch die Sirenen und Harpyien, die Gorgo, Kirke und Medea als Vertreterinnen vor allem für die patriarchalisch geprägte griechische Gesellschaft bedrohliche Frauenbilder. In ihrem Buch „Sphinx, Amazone, Mänade" interpretieren die Autoren jene in Mythen, Literatur und Kunst zunächst bedrohlich, später integriert erscheinenden weiblichen Gestalten als gesellschaftliche Konzepte und Gegenkonzepte des Weiblichen.

Das griechische Patriarchat und die Frau

Dass sich das Frauenbild trotz patriarchalischer Grundprägung in der frühen griechischen Gesellschaft von dem der Klassik oder des Hellenismus unterscheidet, versteht sich von selbst. Schließlich haben im Laufe des ersten Jahrtausends vor unserer Zeitrechnung die unterschiedlichen Kultureinflüsse

aus dem orientalischen, ägyptischen und osteuro-
päischen Raum auch auf die griechische Gesellschaft
ausgewirkt und diese neben ihren eigenständigen
Entwicklungen geprägt. Und eben diesen Entwicklungen und den damit verbundenen Veränderungen
des griechischen Frauenbildes spüren die beiden Autoren nach.

Dabei sind die Interpretationen der Tempelfriese,
Skulpturen oder Vasenmalereien auf der Basis der
Werke der jeweils zeitgenössischen Literaten wie
Homer, Hesiod, Herodot oder Euripides spannend und
plausibel. Interessant ist ebenfalls die Diskussion über
den Ursprung der ursprünglich bedrohlich wirkenden
weiblichen Dämonen, Gottheiten und Sagengestalten
– wie beispielsweise die Amazonen - , die im Laufe der
Zeit mythologisch, künstlerisch, kulturell gezähmt und
politisch instrumentalisiert werden.

Göttinnen, Sphingen und Gorgonen

Die weitgehende Beschränkung auf die klassische
griechische Antike und auf Hesiod als Quelle für die
mythologischen Verwandtschaftsverhältnisse von
Göttern und Monstern lassen die Ursprungsdiskussion
von Sphingen oder Gorgonen, also ursprünglich weiblicher Schöpfergottheiten, jedoch ebenfalls ein wenig
eingeschränkt wirken. Lediglich im einleitenden Kapitel „Ehefrau – Fremde – Dämon" wird die grundsätz-
liche kulturgeschichtliche Genesis weiblicher Naturgottheiten angerissen. Ansonsten findet die Interpretation der griechischen Ausdrucksformen des
Weiblichen naturgemäß vor dem Hintergrund des
klassischen griechischen Patriarchats statt. Dass ist

nicht nur legitim, sondern zweifellos auch notwendig, denn auch die überkommene materielle griechische Kultur war zweifellos eine männlich geprägte und auch nur vor diesem Hintergrund zu beurteilen.

Der klassische Geschlechterkampf

Schade nur, dass die Interpretation gelegentlich auch durch die Tiefenpsychologie des 19. Und 20. Jahrhunderts mit ihrer Fokussierung auf (männliche) Urängste und Geschlechterkampf beeinflusst scheint, die abgesehen von bestimmten religiös-methodischen Anleihen an klassische Philosophen nur wenig mit antikem Bewusstsein zu tun hat. Gerade vor dem Hintergrund, dass die Interpretation der Ausdrucksformen vergangener Kulturen immer mit einer gewissen Unsicherheit behaftet ist, würde man sich durchaus die eine oder andere Anmerkung oder Fußnote wünschen, die bestimmte Feststellungen untermauern oder über den Augenschein hinaus nachvollziehbar machen. Dabei geht es nicht um ein Misstrauen gegenüber der Kompetenz der Autoren, die unbestritten ist, sondern um ein wenig mehr Teilhabe des interessierten und möglicherweise auch vorgebildeten Lesers.

„Sphinx, Amazone, Mänade", lesenswert

Insgesamt ist „Sphinx, Amazone, Mänade" ein thematisch interessantes, lesenswertes und sehr anschaulich illustriertes Buch, das eine intensivere Beschäftigung mit der Mythologie, kulturellen Ausdrucksformen und ihrem Verhältnis zur gesellschaftlichen Wirklichkeit geradezu herausfordert. Zu diesem Zweck bietet vor allem die für das Kapitel „Ehefrau – Fremde – Dämon" angeführte Weiterführende Literatur einige Anhaltspunkte. Wie bereits erwähnt wäre die Einbeziehung dieser Literatur in Form von Fußnoten in den jeweiligen Textzusammenhang wünschenswert gewesen.

Lambert Schneider, Martina Seifert: Sphinx, Amazone, Mänade, bedrohliche Frauenbilder im antiken Mythos. Theiss 2010.

„Amazonen"
eine Ausstellung über die
geheimnisvollen Kriegerinnen

Mit „Amazonen" hatte das historische Museum der Pfalz Speyer 2010/11 eine bemerkenswerte Sonderausstellung über die sagenhaften Kriegerinnen auf die Beine gestellt.

Der Begriff Amazonen steht noch heute für Außergewöhnliches. Amazonen: das sind nicht nur die mythologischen kriegerischen Frauen, die die männerdominierten Gesellschaften der Antike das Fürchten lehrten und für deren Zähmung die mächtigsten Halbgötter aufgeboten werden mussten. Mit der Ausstellung, die 2010/11 im historischen Museum der Pfalz Speyer zu sehen war, haben die Macher ebenfalls etwas Außergewöhnliches auf die Beine gestellt. Dabei ging es nicht nur um die antiken Mythen, sondern um eine breite interdisziplinäre kulturhistorische Aufarbeitung des Themas, die im Rahmen der Ausstellung und des eindrucksvollen Begleitbandes nicht nur die Resultate jüngster archäologischer Feldforschungen, sondern auch Ergebnisse aktueller geschlechter- und sozialgeschichtlicher Forschung (Gender) recht spektakulär präsentiert.

Skythische Kriegerinnen aus dem Eis

Mit spektakulär ist dabei nicht nur die mediale und formale Präsentation gemeint. Spektakulär sind vor allem eine Reihe von Exponaten, die bislang außerhalb Russlands und der Ukraine noch nie zu sehen waren. Es sind die sogenannten Amazonengräber, die in den letzten Jahrzehnten ausgegraben wurden und belegen, dass die kämpfenden Frauen der antiken Geschichtsschreiber keine reine Fiktion gewesen waren. Am Bekanntesten dürfte hier die skythische Reiterkriegerin aus der sogenannten Pazyryk- Kultur sein, die durch den Dauerfrost im Hochland des Altai-Gebirges ebenso wie einige ihrer männlichen Kollegen konserviert worden ist. Auch aus diesem Grab haben Exponate ihren Weg in die Ausstellung „Amazonen" gefunden, die zudem auch die am Museum vorgenommene Gesichtsrekonstruktion der jungen Kriegerin medial präsentiert. Weltweit erstmals wurden im Rahmen dieser Ausstellung übrigens die Funde aus dem 1927 entdeckten Kriegerinnen-Grab im kaukasischen Semo-Awtschala der Öffentlichkeit zugänglich gemacht.

Amazonen als antiker Männerschreck

„Wir schießen mit Pfeilen und Speeren und leben auf dem Pferd; Frauenarbeit haben wir nicht gelernt. Eure Frauen hingegen tun nichts von dem, was wir aufzählten, sondern leisten Frauenarbeit, bleiben auf den Wagen, gehen weder auf Jagd noch anderswohin. Wir werden uns also wohl kaum mit ihnen vertragen." Diese fiktive Selbstbeschreibung der Amazonen aus der Feder des um 485 vor Christus geborenen Geschichtsschreibers Herodot dokumentiert, was das mythische Volk der Amazonen in der Antike war: ein gesellschaftlicher Gegenentwurf zur heilen griechischen Männerwelt, in der die Frauen ohne öffentliche Teilhabe an Haus und Herd gefesselt waren. Und trotzdem, so zeigte die Ausstellung, spielten die Amazonen auch als gesellschaftstragende Komponente in Form von Städtegründerinnnen und Stifterinnen von Heiligtümern eine wichtige Rolle. Unter anderem Reliefs und Skulpturen veranschaulichen diese Epoche, innerhalb derer das Amazonenbild bereits einige Veränderungen erfahren hatte. Als Herausragendes Exemplar zu diesem Themenkreis verweisen die Ausstellungsmacher auf eine rotfigurige Halsamphora mit einer Darstellung von Herakles im Kampf gegen die Amazonen.

Jeanne D´Arc, Judith und Lucretia.

Beim Eintauchen in die Ausstellung wurden die Komplexität und die politisch-soziale Dimension des Phänomens, das weit über den reinen Geschlechterkampf hinausgeht, deutlich. So stellen die „starken Frauen" im ausgehenden Mittelalter eine weitergehende Rezeption der Amazonen dar, für die Jeanne D´ Arc, die alttestamentarische Judith oder die römische Lucretia beispielhaft stehen. Im 19. Und 20. Jahrhundert entstanden schließlich - auch vor dem Hintergrund gesellschaftlicher Umbrüche und daraus resultierender romantischer Strömungen – den Amazonen gewidmete Gemälde und Skulpturen namhafter Künstler. Genannt seien hier Anselm Feuerbach, Max Slevogt und Tischbein, August Karl Eduard Kiss oder Franz von Stuck. Von letzterem stammt die faszinierende Skulptur, die nicht nur ein Highlight dieses Ausstellungsteiles war, sondern als Logo des gesamten Ausstellungsprojektes auch das Cover des Begleitbandes ziert.

Amazonen: internationale Tagung und Vorträge

Spektakulär war die Ausstellung nicht nur für ein breites Publikum, sondern auch für die Wissenschaft. Zahlreiche internationale Kontakte hatten die Speyerer zu anderen Museen und Instituten geknüpft, um ihr interdisziplinäres und ambitioniertes Ausstellungsprojekt auf die Beine zu stellen. Dies hat nicht nur zu den teilweise außergewöhnlichen Exponaten, sondern auch zur Durchführung einer wissenschaftlichen Tagung geführt, in deren Rahmen vom 14. Bis 16. Januar 2011 eine aktuelle wissenschaftliche Amazonendiskussion initiiert wurde. Dass die Ausstellung unter anderem von thematisch sehr interessanten Vorträgen begleitet wurde, versteht sich von selbst. Genannt werden sollen hier nur „Amazonen in der neuen Welt", „Die Amazonen von Dahomey – Von der königlichen Elitetruppe zur europäischen Jahrmarktsattraktion" oder „Zwischen Männerphantasien und Emanzipation – Amazonen in der modernen Populärkultur." Diese Themen haben natürlich auch im Begleitband Niederschlag gefunden, der im folgenden Kapitel vorgestellt wird.

Amazonenausstellung, ein Erlebnis für alle Sinne

Die Ausstellung, die auch interaktive Medien, Filme und „Tutorials" zu verschiedenen Themen in die Landschaft aus Exponaten integrierte, präsentierte sich atmosphärisch außerordentlich dicht. Auge Herz und Verstand - ohnehin jene Sinne, die beim Thema Amazonen, das sich bis heute meist zwischen den Polen von Kampf und Erotik bewegt, angesprochen werden - kamen hier voll auf ihre Kosten. Mit dieser Ausstellung ist den Wissenschaftlern des historischen Museums der Pfalz durchaus etwas Einzigartiges gelungen. Denn in dieser Form wird sie nach ihrem Ende nicht wieder zu sehen sein. Was nun bleibt, ist der aufwändige Begleitband, der wohl bereits jetzt als Standardwerk zum Thema „Amazonen" gelten darf.

Wolfgang Schwerdt

Amazonen
Geheimnisvolle Kriegerinnen
das Buch zur Ausstellung

Lange nach der Ausstellung „Amazonen" im Historischen Museum Speyer wird der Begleitband als Standardwerk zum Thema an das denkwürdige Projekt erinnern.

Achilles hatte seine Penthesilea, Theseus seine Antiope und Herakles die Hippolyte. Jeder der drei halbgöttlichen Helden hatte auf die eine oder andere Weise eine Amazone bezwungen, jeweils eine Königin jenes mythologischen Frauenvolkes, das vor allem in der athenischen Männergesellschaft Angst und Schrecken verbreitete. Als „männergleich" charakterisiert Homer die Amazonen und irgendwie erscheint die Tatsache, dass sich so übermenschliche Helden wie Achilles oder Theseus ausgerechnet in „Mannweiber" verlieben ein wenig irritierend. Aber eben diese lapidare Bezeichnung „männergleich" weist bereits - wie der erste Essay im Buch „Amazonen, geheimnisvolle Kriegerinnen" dem Leser eröffnet - auf die Vielschichtigkeit des Amazonenmythos hin.

Halbgötter und Amazonen

Denn „männergleich" ist keine biologische Einordnung. Antike Amazonen sind keine hormonmanipulierten „Mannweiber" wie sie beispielsweise aus dem sowjetischen Spitzensport bekannt sind. Amazonen sind „Vollweiber", die mit dem Krieg die Tätigkeit ausüben, die nicht nur nach antiker Auffassung in einer zivilisierten Gesellschaft den Männern vorbehalten ist. Nicht der Krieg selbst, sondern die Ausübung durch Frauen, die Verweigerung der Amazonen, sich den Männern unterzuordnen, stellt die eigentliche Bedrohung dar.

Tatsächlich aber gab es ein Amazonenvolk nach den antiken mythologischen Vorstellungen nicht, darin ist sich die Wissenschaft weitestgehend einig. Und so widmet sich der Abschnitt „Amazonenvorstellungen der Antike" ganz unterschiedlichen Aspekten der politisch-ideologischen Funktionen antiker Fiktionen von Amazonen. Dabei wird auch den realen Vorbildern für die Amazonendarstellungen in der Kunst nachgespürt. Nicht zuletzt erfährt der Leser auch die spannende antike Rezeptionsgeschichte, die das ursprünglich nur durch Halbgötter bezwingbare mythologische Amazonenvolk in eine zunehmend reale Dimension verfrachtet und damit in den Untergang durch Assimilation in real bestehende Reitervölker am Rande der Welt führt.

Die skythischen Reiterkriegerinnen

Die Geschichtsschreiber und Kulturschaffenden der Antike verorteten die Amazonen - sei es als eigenständiges mythologisches Volk, sei es als assimilierte Reiterkriegerin oder gezähmte Frau in bekannten Völkern – am Rande der jeweils bekannten Welt. Treibt sich das mythologische kriegerische Frauenvolk bei Homer (8. Jahrhundert vor Christus) noch in Griechenland und Kleinasien herum, so finden sich ihre Nachfahren am Ende bei den realen skythischen Reitervölkern des Schwarzmeerraumes, deren Amazonenhintergrund von Aischylos (6./5. vorchristliche Jahrhundert) bis Diodor (1. vorchristliche Jahrhundert) beschrieben wird. Bei den skythischen Reitervölkern lassen sich weibliche Kriegerinnen auch archäologisch nachweisen. Und so folgt in „Amazonen" die ausführliche Beschäftigung mit der Kultur der Skythen und vor allem der Rolle der Frauen in der skythischen Gesellschaft ein. Hier ist man längst nicht mehr allein auf die befangenen „antiken Zeitzeugen" angewiesen. Die Archäologie, vor allem die Ausgrabungen skythischer Hügelgräber, bilden inzwischen recht aussagekräftige und eigenständige Quellen zum Thema.

Frauen und Waffen in Europa

Das war nicht immer so, wie die Suche der Autoren nach kriegerischen Frauen im Mittelalter belegt. Inzwischen nämlich sind auch in westeuropäischen Gräbern, wie die im Buch „Amazonen" vorgestellten frühmittelalterlichen Holzkammergräber Niederstotzingen zeigen, mit Waffen ausgestattete Frauengräber nachgewiesen. Lange Zeit galt in der Archäologie getreu der mittelalterlichen Rollenvorstellung: Waffenbeigaben bedeuten Männer- Schmuckbeigaben weisen auf Frauenbestattungen hin. Die anthropologischen Untersuchungen, die man sich in der Vergangenheit wegen der vermeintlich eindeutigen Sachlage oft genug sparte, belegen nun, dass auch im frühen Mittelalter das biologische Geschlecht nicht immer mit der sozialen Rolle übereinstimmen musste.

Die Amazonen der französischen Revolution

Die geschlechtsspezifische gesellschaftliche Rollenverteilung und der Versuch, diese im Rahmen revolutionärer Prozesse aufzubrechen, stellt ein weiteres, ausgesprochenen spannendes, weil meist recht unbekanntes Kapitel der Geschichte dar. Literatur, Kunst, Politik dokumentieren die widersprüchlichen und komplexen Entwicklungen im Abschnitt „Frauen auf dem Weg zur Macht" über die Emanzipationsbestrebungen seit der frühen Neuzeit. Sicherlich herausragend in diesem Zusammenhang die Aufsätze „Mit Piken, Säbeln und Pistolen . . . 'Amazonen' der Französischen Revolution" und „Die ‚Amazone der Freiheit' – Anne Josèphe Théroigne, genannt Théroigne de Méricourt" über die weibliche „Revolution in der Revolution" und ihre Niederschlagung.

Lara Croft, Xenia und Alien

Die Rezeption der Amazone in der Neuzeit und Moderne ist natürlich ebenso geprägt vom gesellschaftlichen Geschlechterkampf, wie die martialischen Frauenfiguren der modernen Populärkultur in Form beispielsweise von „Wonderwoman", Lara Croft, Xenia oder der Protagonistin in „Alien". Bereits dieser kleine Ausschnitt aus dem im Aufsatz „Amazonen in der modernen Popkultur" behandelten Spektrum der Genres und Figuren zeigt, dass man in diesem Buch selten das zu lesen bekommt, was man erwartet, sondern sehr viel mehr, sehr viel Spannenderes und sehr viel zum Nachdenken.

Amazonen und die Genderforschung

Gerade die Vielseitigkeit und die historische Dimension bei der Bearbeitung des Themas „Amazonen" helfen, mit sozialen und historischen Vorurteilen und Fehlinterpretationen beiderseits des „Geschlechtervorhangs" aufzuräumen. Denn das Thema Amazonen ist wohl wie kaum ein anderes ein Beispiel für das, was sich hinter dem – gerade wegen unserer kulturellen Befangenheit – so schwer zu verstehenden Begriff „Gender" verbirgt. Und der gut zu lesende, schön illustrierte und hervorragend strukturierte Begleitband zur Ausstellung „Amazonen, geheimnisvolle Kriegerinnen" ist unter anderem ein gelungenes Beispiel für das, was Ergebnis von Genderforschung sein kann.

Historisches Museum der Pfalz Speyer: Amazonen, Geheimnisvolle Kriegerinnen. Edition Minerva 2010.

Schädelkult – Das Begleitbuch zur Ausstellung

Mit „Kopf und Schädel in der Kulturgeschichte des Menschen" befasst sich der Begleitband zur Ausstellung „Schädelkult" der Reiss-Engelhorn-Museen mit einem unerwartet vielseitigen und vielschichtigen Thema.

Warum Schädel? Oder besser, warum hat der Kopf einen so zentralen kulturgeschichtlichen Stellenwert? Das ist die Frage, mit der sich der erste Aufsatz dem Thema Schädelkult aus abendländischer Sicht nähert. Die Darstellung der antiken und mittelalterlichen Debatte nach dem Wohnsitz der Seele reißt das Thema von Buch und Ausstellung zunächst aus philosophischer Sicht an. Eine Erklärung für den weltweiten Schädelkult unterschiedlichster Ausprägung, der zeitlich zudem bis in die Vorgeschichte zurückreicht liefert sie naturgemäß noch nicht.

Menschenfresser und Ritualmörder?

Tatsächlich ist das Buch vor allem beim Abschnitt zur Vor- und Frühgeschichte eher ein Herantasten an das Phänomen Kopf- oder Schädelkult, das – nach einer Einführung in die Anatomie – den Umgang mit dem Kopf von der Alt- und Mittelsteinzeit bis in die Spätantike verfolgt. Es kennzeichnet den seriösen Umgang mit dem Thema, dass auf voreilige, scheinbar naheliegende oder gefällige Interpretationen von archäologischen oder literarischen Quellen verzichtet wird. Im Gegenteil, viele selbst in jüngerer Zeit als eindeutige Zeichen für Kannibalismus in der Steinzeit interpretierte Merkmale und Spuren an Schädeln und Knochen, werden bereits im ersten Essay dieses Abschnitts teilweise relativiert, teilweise entkräftet. Und diese Erkenntnis, dass sich Praktiken oder gar Denkweisen aus Zeiten und Kulturen, zu denen wir keinen direkten Zugang mehr haben, heute nicht mehr eindeutig nachvollziehen lassen, zieht sich durch das ganze Buch. Beispielhaft mögen für diesen Aspekt folgende Zitate aus dem Aufsatz von Joachim Wahl „. . . um Kopf und Kragen" gelten:

„Die Möglichkeiten von Fehlinterpretationen sind vielfältig und bis in die jüngste Literatur zu finden" und *„Abgesehen von verschiedenartigen Entstehungs-mechanismen für solche Spuren, muss die Frage, ob das Fleisch, Hirn oder Knochenmark des Toten auch tatsächlich verspeist wurde, durchweg offen bleiben."*

Schrumpfköpfe, Skalpjäger und Kopftrophäen

Allein der Aspekt des Kannibalismus zeigt, wie spannend das Thema sein kann. Mindestens genauso spannend ist, dass es den Autoren gelingt, beim Leser ohne jede Effekthascherei die Faszination für das Thema zu wecken. Und immerhin geht es neben rituellen und medizinischen Schädelöffnungen, gezielten Schädeldeformationen am lebenden Menschen oder natürlich die Kopftrophäen der Kelten oder Skythen auch um Schädel bei Bestattungsriten, Schädel-masken und vieles andere mehr, um Stoff, der sich für

populäre Effekthascherei geradezu aufdrängen würde.

Mit dem Gang durch die Weltkulturen schlagen die
Wissenschaftler ein neues Kapitel der Auseinandersetzung mit dem Schädelkult auf. Denn nun gibt es
neben Artefakten nicht immer leicht zu interpretie-
render Ikonografie und zeitgenössischen Literatur-
quellen auch persönlich identifizierbare Zeitzeugen,
Reiseberichte, - natürlich auch subjektiv eingefärbte
– Beobachtungen und nicht zuletzt veritable Nachkommen beispielsweise kopfjagender Kulturen, deren
Väter- und Großvätergenerationen noch aktiv und
selbstverständlich Schädelkulte - von der Kopf- oder
Skalpjagd bis zu Ahnenverehrung und Kopfdeforma-
tionen - praktiziert haben.

Da trifft der Leser dann auch wagemutige Forscher
der letzten beiden Jahrhunderte, die sich zu den
seinerzeit noch unerforschten Kopfjägerkulturen, sei
es auf Borneo, Neuguinea oder anderen ozeanischen
Inseln begeben hatten um sich aus erster Hand ein
Bild von den Ritualen der vermeintlich blutrünstigen
und grausamen Wilden zu machen.

Kopfjagd, vom Ritual zur Warenproduktion

Keine Frage, Kopfjagd zum Gewinnen von Trophäen,
das Töten eines Feindes als Grundlage sozialer Aner-
kennung und viele andere, den christlichen Missio-
naren und europäischen Forschern und natürlich auch
uns heute geradezu bestialisch erscheinende Rituale
waren Teil der Sozialstrukturen afrikanischer, asiati-
scher, ozeanischer, nord-, mittel- und südamerikani-
scher Kulturen. Wunderbar sachlich und überzeugend

aber arbeiten die Autoren heraus, dass es sich bei den mal mehr, mal weniger, mal überhaupt nicht mörderischen Schädelkulten eben nicht um sinnloses anarchisches Morden wilder Menschenhorden, sondern vielmehr – wie der Begriff Kult bereits verrät – um extrem reglementierte, weltanschaulich legitimierte und sozial kontrollierte Rituale handelte. Wirklich blutrünstig und am Ende destruktiv wurde es vor allem, als beispielsweise durch die Ankunft der Europäer oder andere einschneidende Ereignisse, die sozialen Strukturen und Grundlagen begannen, ihre Bedeutung zu verlieren und außer Kontrolle zu geraten. So geschehen bei der gewaltigen Schrumpfkopf und Schädelnachfrage durch europäische Forscher und Sammler, oder die „Kopfprämien" der Regierung im amerikanischen Westen.

Schädel über Schädel, Kopfkulte im christlichen Abendland

Und während die europäischen Forschungsreisenden teilweise mit Abscheu die Ergebnisse der ritualisierten ozeanischen Kopfjagd oder die Massen von „Opferschädeln" der mittel- und südamerikanischen Kulturen betrachteten, rollten in Frankreich massenweise die Köpfe unter der Guillotine. Tatsächlich erscheint es auf dem ersten Blick überraschend, dass auch das mittelalterliche und das aufgeklärte neuzeitliche Europa in einem Buch über Schädelkult mit gleich mehreren Aufsätzen vertreten sind. Nein, da geht es nicht nur um die spektakulären Lehr- und Forschungssammlungen, auch wenn es die Wiederentdeckung der Schädelsammlung des Künstlers und Darwinisten

Gabriel von Max (1840-1915) im Jahre 2008 war, die den Anlass für die spektakuläre Ausstellung „Schädelkult" gegeben hat. Zerstoßener Schädel als Medizin, Schädelhalden in Gruften und Beinhäusern und nicht zuletzt die christlichen Reliquien zeigen, dass unser zivilisiertes Abendland vom Kopf- und Schädelkult wenigstens so stark geprägt ist, wie die diesbezüglich als so exotisch betrachteten außereuropäischen Kulturen. Und so richtig gruselig wird es spätestens bei der für Rassenideologische Zwecke missbrauchten wissenschaftlichen Schädelkunde, deren Anfänge aber auch Auswüchse beispielsweise in dem Aufsatz zu Dr. Franz Josef Gall oder unter der Überschrift „Große Köpfe ohne Schädel" dargestellt werden.

Schädelkult, eine neues Standardwerk

Natürlich darf in einem Buch der Reiss-Engelhorn-Museen – auch Kompetenzzentrum des internationalen Mumienforschungsprojektes - die technisch-naturwissenschaftliche Seite nicht fehlen. Und so erfährt der Leser auch etwas über Gesichtsrekonstruktionen, Hirnforschung und beispielsweise im Rahmen der Vorstellung der Sammlung des Gabriel von Max eine Gegenüberstellung von historischen Hintergründen und den Ergebnissen moderner Untersuchungsmethoden an sechs ausgewählten Schädeln.

Ohne eine Betrachtung des Ausstellungsthemas unter zeitgenössischen und künstlerischen Aspekten gehen Ausstellungen heutzutage gar nicht mehr. Also kann der Leser in Schädelkult am Ende auch über „Gefahrensymbol, Kultobjekt und Modeaccessoire – Zum Bedeutungswandel des Totenkopfsymbols in der westlichen Alltagskultur" lesen. Trotz zwangsläufig überschaubaren Umfangs durchaus informativ und lesenswert.

Keine Frage, das Buch „Schädelkult" lohnt sich. Es dürfte derzeit, ähnlich wie „Mumien – der Traum vom ewigen Leben" - ebenfalls ein Begleitbuch zu einer spektakulären Ausstellung der Reiss-Engelhorn-Museen - als aktuellstes und umfassendstes Überblickswerk zu einem Thema gewertet werden, das sich – auch das wird im Buch deutlich - durch einen noch großen Forschungsbedarf auszeichnet.

Alfried Wieczorek, Wilfried Rosendahl (Hrsg.): Schädelkult. Kopf und Schädel in der Kulturgeschichte des Menschen. Schnell&Steiner 2011.

Die Figur des Drachen im Wandel der Zeiten

Wolfgang Schwerdt

Andre Zeiten, andre Drachen
Vorbemerkung aus dem gleichnamigen Buch von Wolfgang Schwerdt

Seit wenigstens 5.000 Jahren gehören die Drachen zur Vorstellungswelt der menschlichen Kulturen nahezu überall auf der Erde. Heute erscheint uns vor allem die Fantasywelt in all ihren verschiedenen Ausprägungen als Lebensraum des mythologischen Ungeheuers. Spätestens seit dem durchschlagenden Erfolg von Harry Potter findet auch wieder in der Breite eine Auseinandersetzung mit dem faszinierenden Fabeltier statt. Drachologie ist der Begriff, unter dem sich die phantastische Drachenforschung versammelt und über Gestalt, Eigenschaften, Züchtung, biologisch-physikalische Grundlagen, Charakter und Herkunft diskutiert und spekuliert. In Harry Potters Welt gibt es für diese Art der Drachenforschung sogar eine Institution: das ‚Amt für Drachenforschung und Drachenzähmung im Zaubereiministerium‘.

Ganz so gut organisiert ist die wissenschaftliche Drachenforschung, die Dracologie, nicht. Und der Unterschied liegt nicht nur in der Begrifflichkeit: Die wissenschaftliche Drachenforschung befasst sich mit der Geschichte der menschlichen Kultur, die nicht nur die Kunst, sondern alle Lebensäußerungen menschlicher Gemeinschaften, von der Technologie über Politik und Wirtschaft bis hin zur Philosophie und der gesellschaftlichen Organisation umfasst.

Die Fantasy-Literatur mit ihren Drachen ist ein Teil dieser kulturellen Lebensäußerungen, ebenso wie Volks- und Kunstmärchen, Mythologien, Epen, Sagen oder Legenden, Chroniken politische Pamphlete oder Gesetzestexte. Es sind vor allem die literarischen Ausdrucksformen von Kultur, die uns über die kulturgeschichtliche Existenz des Drachen in allen gesellschaftlichen Bereichen informieren. Je mehr sich aber die Tradierungen von Sagen und Märchen der Gegenwart nähern, desto weniger Informationen liefern sie über konkrete Drachenvorstellungen und -funktionen in einer bestimmten Kultur zu einer bestimmten Zeit. Allein die Notwendigkeit eine alte Geschichte sprachlich immer wieder so zu überarbeiten, dass sie von den nachfolgenden Generationen überhaupt verstanden werden kann, bedeutet schon den Verlust eines Teils des kulturgeschichtlichen Hintergrunds des Originals. Und dass bei der Überarbeitung auch gleich die zeitgenössischen Drachenvorstellungen des ‚Übersetzers' mit einfließen, versteht sich von selbst.

Die Ursprünge der Drachenvorstellungen lassen sich – wie am Anfang dieses Buches dargestellt - wissenschaftlich in die Frühgeschichte zurückverfolgen. Sie haben sich offensichtlich weltweit in mehreren Zivilisationszentren zunächst unabhängig voneinander entwickelt, von dort aus verbreitet und in unterschiedlichem Maße gegenseitig beeinflusst. Ebenso unterschiedlich wie die Zivilisationen in denen die Drachenvorstellungen entstanden sind, sind auch die Erscheinungsbilder und Charaktereigenschaften des Drachen. Der in seinem Aussehen recht einheitliche ost- und südostasiatische Drache gilt allgemein als freundlicher, glücksbringender Hüter des Universums. Tatsächlich ist sein Wesen jedoch sehr viel komplexer. Nicht zufällig hat Quiguang Zhao, Professor für chinesische Sprache und Literatur, nahezu ein Jahrzehnt recherchieren müssen, um 1992 sein Standardwerk ‚A Study of Dragons, East and West' zu publizieren, in dem die unterschiedlichen Ideen, die dem asiatischen Drachen zugrunde liegen, analysiert werden.

Das folgende Beispiel mag die komplizierten kulturellen und interkulturellen Beziehungen allein des asiatischen Drachen veranschaulichen. Der japanische Drache ist auf den ersten Blick vom Chinesischen kaum zu unterscheiden: Tatsächlich aber verfügt der japanische Drache über maximal vier Klauen pro Bein. Der chinesische Drache besitzt als einziger ostasiatischer Drache fünf Klauen, vorausgesetzt, es handelt sich um einen kaiserlichen Drachen. Nur der kaiserliche chinesische Drache darf mit fünf Klauen dargestellt werden, einem Zeichen des universellen Herrschaftsanspruchs der göttlichen chinesischen Drachenkaiser, das ganz offensichtlich bei den anderen ostasiatischen Kulturen anerkannt wurde.

Der ‚westliche' Drache, dessen zivilisatorische Ursprünge sich in Mesopotamien und der Kaukasusregion finden, kann von Ort zu Ort recht unterschiedlich aussehen, scheint sich in seinem Wesen jedoch sehr zu ähneln. Aber auch hier sind zahlreiche kulturelle Besonderheiten, Eigenschaften und Charaktere zu finden, wie die griechischen, nordischen oder keltischen Drachenvorstellungen belegen.

Und auch innerhalb der einzelnen Regionen gibt es zahlreiche inhaltliche und formale Drachenvariationen, abhängig beispielsweise von Migrationshintergründen oder politischen Beziehungen zwischen den einzelnen Gemeinschaften einer von uns heute als zusammengehörend wahrgenommenen Kultur. Der

Vollständigkeit halber seien hier noch die süd-, mittel- und nordamerikanischen Zivilisationszentren genannt: Zu den bekanntesten Vertretern der vielfältigen und in ihrer Bedeutung noch weitgehend unerkannten Drachenwelt des amerikanischen Doppelkontinents gehört sicherlich die ‚gefiederte Schlange' der Olmeken.

Allen Drachen gemeinsam aber ist ihre göttliche Abstammung und die zentrale Rolle, die sie in den mythologischen Entstehungsgeschichten der jeweiligen Kulturen spielen.

Erscheinungsbild des Drachen

Die Vorstellung vom Aussehen des Fabeltieres im Wandel der Zeiten

Der Drache ist ein aus der Tierwelt entlehntes, zusammengesetztes mythisch überhöhtes Wesen, als dessen Ursprung in der Regel die Schlange angesehen werden kann. Als Beispiele seien hier genannt: die Schlange im Paradies; die Chaosschlange, die den ägyptischen Sonnengott jede Nacht verschlingt und am Morgen wiedergebiert oder die Midgardschlange, der Urdrache des nordischen Sagenkreises.

Tatsächlich wird der Drache in vielen Ursprungs-mythologien als Schlange dargestellt und selbst der Drache, den Siegfried tötete, wird noch als Wurm bezeichnet.

Phantastische Heraldik

Auf den ersten Blick scheint die geflügelte Phanta-siedarstellung des Drachen in die Zeit aufkommender Heraldik zu fallen. Jener Zeit also (ca. 800 n. Chr.), als die verschiedenen Adelsgeschlechter damit begannen sich Wappen als unverwechselbare Zeichen ihres Standes und ihrer Herkunft zuzulegen. Betrachtet man die Heraldik, so lässt sich auch hier feststellen, dass der Drache anfangs nur selten Flügel hatte und dass erst in der Hochzeit des Rittertums außer-ordentlich barocke und phantasievolle Wesen mit Flügeln dargestellt wurden.

Drachen der Vor- und Frühgeschichte

Geht man aber zu möglichst alten Drachenbeschrei-
bungen und Drachendarstellungen zurück, so lässt
sich feststellen, dass die Menschen damals durchaus
nicht so festgelegt waren.

Die Darstellung eines Drachen aus der zentralasi-
atischen Steppe (5.Jahrhundert v. Chr.) ähnelt eher
einem Adler.

Der keltische Drache ist sowohl in den Sagen als auch
in den abstrahierten Darstellungen der vorchristlichen
Zeit eine Schlange und erhält erst in der Zeit der
Niederschrift (beispielsweise in der Artussage 800 -
1200 n. Chr.) sein heraldisches Aussehen.

Auch die Bibel (etwa 700 v.u.Z.) weiß bereits im Alten
Testament von Drachen zu berichten:

*"Jesaja 27: Zu der Zeit wird der Herr heimsuchen mit
seinem harten großen und starken Schwert beide, den
Leviathan, der eine flüchtige Schlange ist, und den
Leviathan, der eine gewundene Schlange ist, und wird
den Drachen im Meer erwürgen."*

*"Daniel 7 . . . Und vier große Tiere stiegen herauf aus
dem Meer, ein jedes anders denn das andere. Das
erste wie ein Löwe und hatte Flügel wie ein Adler . . .
das andere Tier war gleich einem Bären . . . und hatte
in seinem Maul unter seinen Zähnen drei große lange
Zähne . . . und siehe ein anderes Tier, gleich einem
Parder, das hatte vier Flügel wie ein Vogel auf seinem
Rücken und das Tier hatte vier Köpfe und ihm war*

Gewalt gegeben. . . .das vierte Tier war greulich und schrecklich und sehr stark und hatte große eiserne Zähne . . . und hatte zehn Hörner."

Der babylonische Drache wurde vor rund viertausend Jahren folgendermaßen beschrieben: "Er hat einen Krokodilskopf mit Stierhörnern, den Leib einer Riesenschlange, die Beine eines Löwen und die Flügel einer Fledermaus."
Das Aussehen des chinesischen Drachen hat sich seit Jahrtausenden kaum geändert. Krokodils- oder Kamelkopf, Hirschgeweih, Schlangenkörper und Adlerklauen sind die wesentlichen Merkmale.

Der Zusammenhang von Aussehen und Funktion

Das Aussehen des Drachen hing immer davon ab, was er in der jeweiligen Kultur und Epoche repräsentierte. Das beginnt bei der großen Naturgottheit, die der Entwicklung patriarchal organisierter, komplexer städtischer Zivilisationen im Wege steht und daher bekämpft werden muss (die ersten Drachenkämpfe).
Der Drache steht auch für gewaltige Naturereignisse oder komplexe soziale Umwälzungen wie die Entstehung und den Niedergang großer Weltreiche im vorderasiatischen Raum.

Naturwissenschaft und Fantasy

Mit Beginn der Neuzeit und schließlich der Aufklärung begann der Drache seine ursprüngliche Bedeutung zu verlieren. Die naturwissenschaftliche Betrachtungsweise verlangte nach einer biologischen Erklärung des

Drachen. Saurier und Komodowarane standen nun für die Vorstellung vom Aussehen des Drachen Pate. Diese Betrachtungsweise hat sich auch in der heutigen Fantasy durchgesetzt. Daher gleichen sich heute nahezu alle Fantasydrachen, die meist als monströse Flugsaurier dargestellt werden.

Literaturhinweis: Wolfgang Schwerdt: Andre Zeiten, andre Drachen. Eine Kulturgeschichte der Drachen. 2010 Vergangenheitsverlag Berlin.

Wolfgang Schwerdt

Janina Drostel:
Drache, Einhorn, Basilisk
Fabelhafte Wesen
von der Antike bis zur Fantasy

14 fabelhafte Arten stellt die Mittelalter- und Literaturwissenschaftlerin Dr. Janina Drostel in ihrer amüsanten und informativen Fabeltierkunde „Drache, Einhorn, Basilisk" vor.

Wer glaubt, ein Drache sei ein Drache, ein Einhorn eben ein Einhorn und ein Basilisk einfach nur ein Basilisk, der hat sich gehörig geirrt. Seit der Antike gibt es diese erstaunlichen Fabelwesen und jede Epoche, ja sogar jede Region hat so ihre eigenen Vorstellungen über Aussehen, Herkunft und Charakter entwickelt.

Die Welt der Fabeltiere

Mit dem Buch Einhorn, Drache, Basilisk hat Janina Drostel ein Nachschlagewerk zu den gängigsten Fabelwesen geschaffen, das sich durch reges Zitieren vor allem antiker und mittelalterlicher Quellen und schönen Faksimile- Seiten mittelalterlicher Schriften und Bilder auszeichnet. Da findet sich beispielsweise bei den Harpyen der Hinweis auf den römischen Dichter Vergil, der in seinem Nationalgedicht „Aeneis" den Zusammenstoß des Helden Äneas mit den grausamen Vogelfrauen besang. Die grausamen Bestien der antiken Dichtung hatten aber offensichtlich auch eine zärtliche Seite, wie antike Grabmale mit Harpyenabbildungen zeigen.

Pegasus, Phönix und Werwölfe

Im Mittelalter werden aus den Vogelfrauen gelegentlich auch bärtige Vogelwesen mit Männergesicht oder gar Pferdemänner mit Schlangenflügeln und Löwenleib. Und natürlich so macht Janina Drostel durch Zitate zum Beispiel aus Dantes „Göttlicher Kommödie" oder aus dem „Buch der Natur" von Konrad von Megenberg aus dem 14. Jahrhundert deutlich, verändert das Fabelwesen vor dem Hintergrund weltanschaulicher, kultureller Veränderungen auch seine inhaltliche und symbolische Bedeutung. Das gilt generell für alle Fabelwesen, zu denen in der Auswahl der Autorin auch Feen, Pegasus und Phönix, Riesen, Zwerge und Werwölfe gehören.

Einhorn, Drache und Basilisk in der Literatur

Janina Drostel entwickelt ihre inhaltlichen Stärken bei der Auseinandersetzung mit Einhorn Drache oder Basilisk tatsächlich in der Literaturrecherche und im Mittelalter. So stößt auch der Leser, der sich schon ein wenig intensiver mit dem Thema auseinandergesetzt hat, bei den schön hervorgehobenen Zitaten von Sachtexten, Gedichten und Liedern durchaus auf ihm noch unbekannte Quellen vor allem aus Antike und Mittelalter. Und wenn nicht bereits die Vorstellungen unserer Vorfahren selbst den Leser ein wenig schmunzeln lassen, so zeigt auch die Wissenschaftlerin in ihren Formulierungen eine gewisse humorige Distanz, die den Spaß an der Lektüre noch erhöht.

Kulturgeschichte der Fabeltiere

Leider kann auch Janina Drostel nicht darauf verzichten, über die Ursprünge der Vorstellungen von Fabeltieren zu spekulieren und dabei zwar die gängigen aber recht oberflächlichen und wissenschaftlich kaum haltbaren Erklärungen zum Besten zu geben. Dabei füllt die Ursprungsfrage allein bei der zentralen Figur des Drachen, der in seinen kulturgeschichtlichen Ursprüngen, wissenschaftlich gesehen gar kein Fabeltier ist, ganze Bücher. Weniger - also der Verzicht auf diese Erklärungsversuche - wäre hier sicherlich mehr gewesen.

Einhorn, Drache, Basilisk ist ein schönes, sinnliches und informatives Buch. Literatur und Fabeltierfreunde, Historiker und Fantasyfans kommen hier sicherlich auf ihre Kosten, allein wegen der vielen farbigen Abbildungen und der dargestellten Kuriositäten, die ebenso wie die Sagen und Mythen untrennbar mit den Fabelwesen verbunden sind. Das Buch „Einhorn, Drache, Basilisk" eignet sich gut als Einstieg in das Thema, aber auch als Begleitbuch und Nachschlagewerk bei intensiverer Beschäftigung mit den sagenhaften Wesen aus der kulturellen Urzeit des Menschen.

Janina Drostel: Einhorn, Drache, Basilisk – Fabelhafte Fabelwesen. Thorbecke 2007.

Der Drache von Loch Ness
Die Ungeheuer der britischen Inseln

Während das Ungeheuer von Loch Ness ein beliebter Touristenmagnet ist, erfährt man über die uralten Monster der britischen Inseln kaum etwas.

Seit dem 19. Jahrhundert, angeregt durch den gefestigten Glauben an Naturwissenschaft und Technik, konzentrierte man sich mit geradezu fanatischem Eifer auf die biologische Erklärung der Existenz von legendären Wesen, zu denen natürlich auch die Drachen und andere Ungeheuer zählten. Im Rahmen dieses Prozesses der wissenschaftlichen Erklärungsversuche von Fabelwesen entwickelte sich letztendlich auch die Kryptozoologie.

Ob mit der tatsächlichen Entdeckung von Tieren, die zur Legendenbildung in den verschiedenen Kulturen beigetragen haben, das Wesen der Drachen erfasst wird, darf nicht nur am Beispiel "Nessie" bezweifelt werden.

Piast, Ullfish und Pferdeaal

Wasserungeheuer von pferdeähnlicher Gestalt fand man bereits zu Zeiten der ungeschriebenen Geschichte Irlands in den zahlreichen Lochs. Sie sind unter den Namen piast, peiste, paystha, allipast, ullfish oder Pferdeaal bekannt.

Ein im 12. Jahrhundert in gälischer Sprache verfasstes "Buch über die schwarze Kuh" beschreibt ein riesiges Piast, das im See von Slieve Mis in der Grafschaft

Kerry hauste und immer man wieder ans Ufer kroch, um Jagd auf Menschen und Tiere zu machen. Dieses Wesen war offensichtlich so mächtig, dass selbst der gewaltige irische Held Cuchulain die Flucht ergriff.

Die Heiligen und die Ungeheuer

Erst die irischen Heiligen nahmen den Kampf gegen die Ungeheuer in den Lochs auf, kein Wunder, schließlich waren Ungeheuer und Drachen in den christlichen Vorstellungen samt und sonders Abkömmlinge des Leviathan und damit des Bösen, des Satan und selbstverständlich die Verkörperung des Heidentums. Der heilige Mochua von Balla beispielsweise besänftigte das Monster des Connaught-Sees, die Heiligen Senanus und Kevin regelten die Angelegenheit mit den Piasts von Scattery und Glendalough. Der heilige Patrick, dessen Spezialität ohnehin alles Kriechtier wie Schlangen und Echsen war, fing ein Ungeheuer im Süden Irlands und sperrte es in ein Fass Im Buch vom Limore aus dem 10. Jahrhundert gibt es eine detaillierte Beschreibung eines Ungeheuers, die belegt, dass es sich nicht nur um pferdeähnliche, sondern vor allem auch um drachenähnliche Erscheinungen handelt. Das Vorderteil glich dem eines Pferdes, das allerdings Klauen besitzt und Feuer speit und zudem mit Flossen wie ein Wal aufwarten kann.

Alte Quellen

Niederschriften von Überlieferungen haben in der Regel -gerade bei den schriftlosen Kulturen wie den Kelten- deutlich ältere Quellen, die Jahrhunderte zurückreichen. So verwundert es nicht, dass das Ungeheuer von Loch Ness bereits 565 n. Chr. erwähnt wurde, die Mythen, die sich um Drachen ranken, aber weit in vorchristliche Zeiten zurückreichen.

So verhält es sich auch mit den Drachengeschichten, die im Rahmen der Arthus-Überlieferungen, die - etwa um 800 -1200 n. Chr. niedergeschrieben - sich auf die Zeit des 5. nachchristlichen Jahrhunderts beziehen, zu uns gekommen sind. Diese Legenden, die neben Cuchulain auch den allseits bekannten Merlin oder walisische Könige als Helden anführen, sind deutlich älter als der historische Hintergrund der jeweiligen Geschichten.

Pferdedrachen

Um die Verbindung zwischen der Drachenvorstellung und den vielzitierten Seepferden der irischen und schottischen Lochs herzustellen, bedarf es nicht nur mythologischer Spekulation. Auf dem Boden des Kelches von Tara findet sich eine eingravierte Darstellung des Kampfes zwischen dem roten und dem weißen Drachen, ein Motiv, das in der Artuslegende zu finden ist. In dieser Darstellung wird der Pferdecharakter des inselkeltischen Drachen sehr deutlich. Und die Darstellung hat mit Sicherheit keinerlei Ähnlichkeit mit den späteren Schilderungen, auf die sich die naturwissenschaftlichen Nessiforscher berufen.

Paläontologische Reservate

Nessi ist mit größter Wahrscheinlichkeit ein mythologischer Drache. Nessi und auch die anderen Seepferddrachen haben sich in ihrem Erscheinungsbild also in neuerer Zeit verändert. Die Monster der Inseln wurden erst ab etwa ab Mitte des 19. Jahrhunderts genauer unter die Lupe genommen. Es war eine Zeit, in der Forscher möglichst entlegene Teile der Welt aufsuchten, um dort Überlebenden aus der Saurierzeit auf die Spur zu kommen. Ein Ziel war neben Afrika auch Südamerika, wo man in den abgelegenen Teilen der Hochgebirge und der Urwälder paläontologische Inseln vermutete.

Vom Drachen zum Saurier

Auch die Lochs Irlands und Schottlands waren noch weitgehend unerforscht und als man dort die außerordentliche Tiefe der eiszeitlichen Gewässer feststellte, da wurde die Theorie des paläontologischen Reservats auch hier mit Begeisterung, aufgenommen, zumal man dort auf uralte Überlieferungen von Monstern zurückgreifen konnte.
Mit den Sauriertheorien der Wissenschaftler, nahmen schließlich auch die Nessi-Beschreibungen der Einheimischen immer mehr die Gestalt eines Sauriers an.

Wiedergänger, die Rückkehrer aus dem Jenseits

Die unheilige Gesellschaft

Graf Dracula, der von Bram Stoker geschaffene Romanvampir aus Transsilvanien, hat nicht nur die Vampirvorstellungen der folgenden Generationen bis heute geprägt. Stoker hat ebenfalls die jahrhundertealte Tradition des Volksglaubens von Untoten, Wiedergängern und eben Vampiren in seinem Roman sehr kreativ und phantasievoll verarbeitet. Tatsächlich hat das Phänomen des Vampirs und seiner untoten Kollegen schon vor Dracula nicht nur Stokers literarische Kollegen beschäftigt, sondern auch die abergläubische Gesellschaft des Mittelalters und der Neuzeit, die Kirche und die Wissenschaft.

Die Vorstellung vom Untoten, der seinem Grab entsteigt und die Lebenden heimsucht, speist sich aus ganz unterschiedlichen Quellen. Eine davon ist sicherlich das Phänomen der künstlichen oder natürlichen Erhaltung toter Körper, die die menschliche Kultur seit Jahrtausenden begleitet.

Ohne Vorstellungen über das Verhältnis zwischen der Welt der Toten und der Welt der Lebenden – in der Wissenschaft ein wenig unscharf als Jenseitsvorstellungen bezeichnet – ist die Figur eines Vampirs und anderer Untoter und Wiedergänger nicht denkbar. Solche Vorstellungen lassen sich archäologisch-kulturgeschichtlich bis in die Steinzeit zurückverfolgen und drücken sich in Begriffen wie „Ahnenkult", „Schamanismus", „Animismus" aus.

Seit Jahrtausenden sind die Menschen über Bestattungsriten, Tötungs- und Opferrituale bestrebt, das Problem der Einmischung der Verstorbenen in die diesseitigen Angelegenheiten in geordnete Bahnen zu lenken. Beispiele hierfür sind nicht nur die ägyptischen Mumien oder die recht häuslich anmutenden Hügelgrabbestattungen der Skythen oder Kelten, sondern auch die gründliche rituelle Hinrichtung des sogenannten Lindow-Mannes, eines mutmaßlichen keltischen Druiden, der 1984 in einem britischen Torfmoor gefunden wurde.

In vielen Kulturen waren die Toten Teil der Gemeinschaft der Lebenden, als Schädel oder Schädelmaske gar geschätzte, verehrte und körperlich anwesende Mitglieder der Gemeinschaft, mit denen man einen respektvollen Umgang pflegte.

„Andre Zeiten, andre Ahnen" möchte man in Anlehnung an die im Vergangenheitsverlag erschienene „Kleine Kulturgeschichte des Drachen" beinahe sagen, denn das Verhältnis zwischen den Lebenden und ihren Vorfahren erfuhr so manche gesellschaftlich-kulturell bedingte Veränderung. Seit der Entwicklung hierarchisch organisierter Zivilisationen, spätestens aber seit der Verbreitung monotheistischer Religionen, geraten die ursprünglich so geschätzten Ahnen ins gesellschaftliche Abseits, werden zu Dämonen, zur Bedrohung, zu gefährlichen Untoten, bösartigen, Seuchen verbreitenden Wiedergängern und in Südosteuropa eben auch zu vermeintlich blutsaugenden Vampiren.

Die moderne literarische Übernahme der Untoten, die ihren Anfang in Kunstfiguren wie Carmilla, Dracula oder Nosferatu des 19. und frühen 20. Jahrhunderts nahm und inzwischen ein ganzes Spektrum neuartiger Wiedergängertypen in Literatur und Film hervorgebracht hat, verliert zunehmend den Anschluss an die kulturgeschichtlichen Ursprünge. Nichtsdestoweniger

ist die Entstehung der literarisch-filmischen Untoten-
kultur eng an die kulturellen und historischen Rahmenbedingungen ihrer jeweiligen Epoche gebunden.
Dazu gehört neben den viktorianischen und aufklä-
rerischen Strömungen oder der Orientbesessenheit
des 19. Jahrhunderts das Streben nach Spiritualität
und klarer Orientierung in unserer modernen Zeit des
20. und 21. Jahrhunderts.

Aus: *Wolfgang Schwerdt: Vampire, Wiedergänger,*
Untote. Berliner Vergangenheitsverlag 2011.

Der Vampirglaube in Südosteuropa – eine Studie zum Volksglauben

Grundlegende Studien zur Genese, Bedeutung und Funktion des Vampirglaubens in Rumänien und dem Balkanraum, publiziert Peter Mario Kreuter in seinem Buch.

Bereits die Einleitung des Buches aus Band 9 der Berliner Schriften zur romanischen Kultur- und Literaturgeschichte mit dem Titel „Der Vampirglaube in Südosteuropa" verspricht Neues zum Original der heute so beliebten Romanhelden vor allem in der Jugendliteratur. Denn der Historiker und Balkanologe Peter Mario Kreuter stellt klar, dass der größte Teil der westlichen Literatur zum Thema sich im Wiederkäuen der gleichen Sekundärliteratur aus England, Frankreich, Deutschland und des USA erschöpfe. Das Material hingegen, das Ethnologen und Ethnographen in der Ursprungsregion des als Vampir bezeichneten Wiedergängers zusammengetragen haben, werde, so der Autor, „mit großer Souveränität ignoriert".

Der Vampir zwischen Medizin und Psychologie

Tatsächlich aber ist das Problem bei der sehr umfassenden Sachliteratur zum Thema Vampir noch viel komplexer. Nur ganz selten findet sich hier eine klare, auf der Analyse der südosteuropäischen Volksüberlieferungen basierende Definition des Vampirs.

Stattdessen werden oft die unterschiedlichen Arten von Wiedergängern aus aller Welt in einen Topf geworfen. Oft genug werden auch noch Elemente anderer Wesen und der umfassenden mittel- und westeuropäischen literarischen Rezeption der Vorstellung vom Vampir beigemischt. Dass schließlich die Erklärungen für das Phänomen des Vampirs je nach Fachdisziplin oft genug jeglicher Grundlage entbehren, zeigt das Kapitel, das sich mit eben jenen, meist monokausalen Argumentationen beispielsweise von Medizinern oder Psychologen auseinandersetzt.

Monster ohne „Vampirzähne" und Lichtempfindlichkeit

Kreuter, dessen Fußnotenapparat eine detaillierte Analyse auch der gedruckten und ungedruckten Primärquellen belegt, räumt sehr plausibel und nachvollziehbar mit den gängigen Fehlurteilen zum Vampir auf. Im Gegensatz zu den literarischen Vampiren verfügen die als Vampir bezeichneten südosteuropäischen Wiedergänger weder über die berüchtigten Eckzähne, noch über ein Verlangen nach Blut. Selbst die vermeintliche Lichtempfindlichkeit lässt sich im Volksglauben nicht nachweisen.

Viel Platz räumt Kreuter den kulturgeschichtlichen Hintergründen und Rahmenbedingungen des Volksglaubens dieser Region ein. Dazu gehören neben dem Ausflug in den Einbruch des Islam und die Entstehung des osmanischen Reiches auch die kulturelle Vielfalt der südosteuropäischen Völkerschaften, die Auseinandersetzung mit der christlichen Religion oder der vorchristlichen religiösen Situation.

Interdisziplinäre Vampirforschung

Die Arbeit des Historikers und Balkanologen ist also alles andere als eindimensional. Die Arbeiten von Religionswissenschaftlern, Orientalisten, Linguisten, Medizinern, Theologen und Anthropologen finden hier ihren Niederschlag. Die Komplexität dieser Herangehensweise auf der einen und der Versuch, das spezifische Phänomen des Vampirs gegenüber verwandten Monstern und Dämonen des Volksglaubens herauszuarbeiten, bringt es mit sich, dass das Ergebnis am Ende völlig zu Unrecht als ein wenig dürftig empfunden werden könnte. Kreuter ist jedoch an das gut verständliche und dennoch wissenschaftliche Werk nicht mit dem Anspruch der Vollständigkeit oder Abgeschlossenheit herangegangen. Vielmehr dient es hervorragend als Grundlage weiterer Forschung zu diesem Thema unter der kulturgeschichtlich ungemein wichtigen Vorgabe einer handhabbaren und ausbaufähigen Definition.

Vampir, Religion und Volksglaube

Aber auch die Interpretation der Bedeutung des Phänomens Vampir für die Gesellschaften Südosteuropas, liefern sehr interessante Ansatzpunkte für weitere Untersuchungen auch zu vergleichbaren Phänomenen in anderen Regionen. Da ist Aberglaube plötzlich keine Erscheinung mehr, die lediglich in Unwissenheit und Angst begründet ist, sondern er wird zu einer geradezu zwingenden Ergänzung monotheistischer Religionen, die wesentliche spirituelle Bedürfnisse des menschlichen Lebens nicht religiös oder rituell abdecken.

Die Lektüre dieses Buches wird das Bedürfnis nach mystischen Vorlagen für weitere Romanfiguren ganz sicher nicht befriedigen. Für die weitergehende ernsthafte kulturgeschichtliche Auseinandersetzung mit diesem Phänomen hat der Autor jedoch so etwas wie Pionierarbeit geleistet. Die gerade einmal zweiseitige Zusammenfassung der Ergebnisse am Ende des Buches, hat es diesbezüglich bei genauerer Betrachtung in sich.

Schwerdt im Internet

Home: http://wolfgangschwerdt.wordpress.com/
Facebook: http://facebook.com/wschwerdt
Twitter: http://twitter.com/schwerdtwolf

Weitere Bücher zum Thema von Wolfgang Schwerdt

Andre Zeiten, andre Drachen. Eine Kulturgeschichte der Drachen. 2010 Vergangenheitsverlag Berlin.

Vampire, Wiedergänger und Untote. Auf der Spur der lebenden Toten. Vergangenheitsverlag Berlin 2011.